Schöne Kirchen in Schleswig-Holstein

Schöne Kirchen in Schleswig-Holstein

Peter Schuster

2004

Wachholtz Verlag

Umschlagbilder:
vorne: Bordesholm, Klosterkirche; Kirchnüchel, Chagall-Fenster;
Arnis, Kirchenninnenraum; Lübeck, St. Petri; Esgrus, Flügelaltar;
Friedrichstadt, Grabstein; Nordhackstedt, Kirche
hinten: Eckernförde, Bronzetaufe

Texte, Fotos und Plangrafik: Peter Schuster
Lektorat: Andreas Voigt

ISBN 3-529-02847-9

2004

Wachholtz Verlag Neumünster

Vorwort

Kirchen prägen das Bild der Kulturlandschaft Schleswig-Holstein ganz entscheidend. In unserer eher flachen Region weisen seit Jahrhunderten die Kirchtürme den Weg zu den Dörfern und Städten und ziehen die Menschen in die Zentren der Besiedlung.
Schleswig-Holstein hat viele schöne Kirchen, die einen Besuch lohnen. Sie laden die Gläubigen ein zu Gebet und Gottesdienst. Als Oasen der Stille und Abgeschiedenheit bieten sie einen Raum zum Verweilen und Nachdenken. Sie begeistern durch ihre vielfältigen regionalen Besonderheiten in Baustil und Material und beherbergen zugleich eindrucksvolle Beispiele sakraler Kunst, was sie auch für den touristischen Besucher bemerkenswert macht.

Im Jahr 2000 erschien im Wachholtz Verlag das Buch *Dorfkirchen in Schleswig-Holstein* von Dirk Jonkanski und Lutz Wilde. Die Autoren legten erstmalig auf wissenschaftlicher Grundlage die Entwicklungsgeschichte und die Ausstattung der Dorfkirchen unseres Landes ganzheitlich dar. Das Interesse an sakraler Baukunst und die positive Resonanz auf diese Veröffentlichung haben uns bestärkt, in diesem Jahr ein Projekt von Peter Schuster zu verwirklichen: Auf seinen vielen Ausflügen mit der Kamera durch Schleswig-Holstein waren es stets die Kirchen, die ihn besonders anzogen. Mit geschultem Auge und einer sinnlichen Wahrnehmung für das Detail hat er sie fotografiert: wuchtige Türme und steile Kirchendächer, eindrucksvolle Portale, farbenfrohe Kirchenfenster, erzählfreudige Altargemälde, Orgelprospekte, Taufsteine, Heiligenfiguren sowie kostbare Preziosen aus den Kirchenschätzen. Die Beschränkung in der Auswahl war schmerzlich. Peter Schuster hat sie getroffen, indem er 120 Kirchen auswählte, die exemplarisch für die kulturhistorische Vielfalt stehen. Mit der gewählten alphabetischen Reihenfolge überlässt er dem Betrachter die Gewichtung und erleichtert die Suche. Entstanden ist ein eindrucksvoller Bildband, in dem man blättern und schauen kann; ein Buch, das dem Neugierigen hilft, sich selbst eine lohnende Reise durch die Kirchenlandschaft Schleswig-Holsteins zusammenzustellen.

Kirchenschiff mit der Taufe als ältestem Ausstattungsstück. Das in Schleswig-Holstein einzigartige Bronzebecken (Ende 13. Jh.) ruht auf einem noch älteren Sockel aus gotländischem Kalkstein

Ende des 17. Jh. entstand die mit den Figuren der vier Evangelisten versehene barocke Kanzel

Den Barockaltar von 1741 stiftete Joachim von Brockdorff, Grundherr des Ortes und Kompatron der Kirche

Die sumpfige ostholsteinische Salzwiesenniederung war einst Schlupfwinkel slawischer Seeräuber. Zu deren Missionierung ließ Graf Adolf III. von Schauenburg die spätromanische Gewölbebasilika Altenkrempe (1190–1240) erbauen. Schon 1244 gab man die umliegende Missionssiedlung zu Gunsten des für den Handel günstiger gelegenen „Neuencrempe" (heute Neustadt) auf. Altenkrempe wurde aus Ziegeln errichtet und gilt als eines der besten Zeugnisse spätromanischer Backsteinarchitektur. Im Fundament sind Findlinge, teils mit Runen und Inschriften aus der Zeit vor der Kirchengründung, verbaut.

Innenraum mit der Orgelempore über dem Altar

Weil sie dem adligen Gut Roest nicht den Untertaneneid leisten wollten, flohen 62 Schifferfamilien aus Kappeln am 11. Mai 1667 auf die Insel (heute Halbinsel) Arnis im Meeresarm Schlei. Dies geschah mit Billigung des Besitzers, des Gottorfer Herzogs Christian Albrecht. Die glücklich der Leibeigenschaft entgangenen Familien bauten ihre Schifferkirche (1669–1673) selbst. Schon 1733 mussten jedoch alle Wände der Fachwerksaalkirche außer der heute noch bestehenden Nordwand erneuert werden. Die derb geschnitzte Renaissancekanzel (1573) sollen Arnisser Schiffer nach der verheerenden Nordseesturmflut („Mandränke") 1634 geborgen und in ihre Kirche gebracht haben. Das lebensgroße, an gotische Vorbilder erinnernde Kruzifix stammt von 1693. Im 18./19. Jh. war Arnis Heimathafen einer Flotte, die alle Meere befuhr. Alte Grabsteine auf dem Friedhof erzählen von Seemannsschicksalen.

Arnis, mit kaum 400 Einwohnern kleinste Stadt Deutschlands, liegt an der Schlei, einem Ostseearm, der bei Schleswig endet

Kanzelrelief, vermutlich von einer 1634 untergegangenen nordfriesischen Kirche

Bad Bramstedts Altar ist das Werk von Jahrhunderten. Älteste Teile sind der Schrein und die Figurenreihe vom Ende des 14. Jh. Casper Faget, barocker Umgestalter des Altars, hat sich außer im Objekt selbst in einem kleinen Bleiglasfenster an der Südwand der Kirche verewigt

Bad Bramstedts Kirche entstand als gotischer Backsteinsaalbau des 14. Jh. Ältestes Stück der reichen Ausstattung ist ein von drei Figuren getragener bronzener Taufkessel (13. Jh.). Der mittelalterliche dreiflügelige Schnitzaltar wurde um 1625 im Stil der Spätrenaissance verändert. Aus der Kulturepoche des Barock stammen Teile der Kanzel, die Balkendecke (1732) und die ältesten der 46 Emporenbilder. Eine kleine, bald nach 1500 entstandene gotische Holzskulptur an der Südwand zeigt Maria Magdalena, die ehemalige Namensgeberin der Kirche. Ihre leuchtende Farbgebung ist barock.

Turm von 1636

Maria Magdalena

Kirchenschiff mit bemalter Holzdecke und Empore

St. Marien

Backsteinpfeiler mit Kapitellen aus Gipsstuck

Sankt Marien diente den Augustinerchorherren als Klosterkirche. Eine Begegnung des Missionars Vicelin († 1154) mit dem deutschen König Lothar III. von Supplinburg 1134 auf dem für die Christianisierung Ostholsteins strategisch bedeutsamen Kalkberg führte zur Errichtung des heutigen Gotteshauses, nachdem heidnische Wenden einen Vorgängerbau niedergebrannt hatten. Die dreischiffige, über kreuzförmigem Grundriss errichtete Basilika ist ein Frühwerk des monumentalen Backsteingewölbebaus, bei dem der Kalk des nahen Kalkbergs als Bindemittel verwendet wurde, wie auch in Bosau. Das Kirchenäußere wurde 1866 neuromanisch umgestaltet; das Innere aber wahrt den (1959 wiederherstellten) ursprünglichen Charakter. Zum wertvollsten Inventar zählen der gotische Schnitzaltar (1515) und die in einer Bremer Werkstatt gegossene Bronzetaufe (1447). Das Kruzifix (um 1500) ist spätgotisch, die Kanzel eine Arbeit der Renaissance (1612).

Sprechende Gesichter: Kreuztragung Christi (Altarausschnitt)

Mittelalterliche Bronzetaufe aus der Gießerei des Bremers Gerd Klinghe. Die Inschrift nennt Graf Adolf VIII. von Schauenburg als Stifter

St. Johannes mit Glockenturm von 1701

Eingang mit Sonnenuhr

Prunklogen im Langhaus (18. Jh.)

Darstellung der Gregorsmesse (Wandbild im Chor)

Die einschiffige Feldsteinkirche zu Bannesdorf ist die kleinste der vier bedeutenden Kirchen auf der Insel Fehmarn. Um die Mitte des 13. Jh. errichtet, wurde sie später in Ziegelbauweise erweitert. Chor und Apsis als älteste Teile ruhen noch auf den Findlingsfundamenten der ersten Bauzeit. Zur Reformationszeit und vor allem, als der barocke Zeitgeschmack die mittelalterlichen Kunstrichtungen verdrängte („Barockisierung"), erneuerte man das Inventar. Wohlhabende bäuerliche Sippen ließen sich damals Logen zimmern, wie es andernorts nur der Adel tat. Damit übernahmen die selbstbewussten Fehmarner Bauern dessen ungeschriebenes Gesetz: Sie saßen in ihren Logen nicht nur über dem einfachen Volk – auch der Pastor auf seiner Kanzel musste zu den „hohen Stühlen" aufsehen.

Der barocke Altar (1718) zeigt die biblische Heilsgeschichte

Barockorgel (Glückstadt 1720)

Loge des Reichsgrafen Wilhelm Adolf zu Rantzau (1718)

Kanzel mit Lutherbild von 1844

Heiligen-Geist-Kirche

Schlank und spitz überragt der wohl in romanischer Zeit entstandene Rundturm der Heiligen-Geist-Kirche seine kleinstädtische Umgebung. Er gehörte zu einer im 12. Jh. errichteten Feldsteinkirche und wurde einbezogen, als der Hamburger Architekt Johann Lorentz Nerger 1717/18 an ihre Stelle den barocken Saalbau setzte. 1841–1843 musste der Innenraum statisch (Stützpfeiler und Fenster) verändert werden; dabei erhielten auch Turm und Kirchenschiff ihre heutige Ziegelummantelung. Das freundlich-helle Innere überspannt ein von Hans Heinrich Morthorst 1756 bemaltes Tonnengewölbe, das sich im Altarraum polygonal umlaufend und eine Empore einbeziehend fortsetzt. An ihrer linken Seite schließt die von einer Mosesfigur getragene Kanzel an (1717). Als Patronatskirche der Grafen Rantzau besitzt sie eine besonders hohe Loge mit eigenem Außenaufgang. Die exponierte Lage des „Grafenstuhls" glichen selbstbewusste Pastoren dadurch aus, dass sie sich während der Predigt auf einen Schemel stellten.

Orgelempore

Grabstelen

Altarbild

Kruzifix der Triumphkreuzgruppe (16. Jh.)

Innenraum mit Votivschiff

Über die flache Elbmarsch erhebt sich einer der eigenwilligsten Kirchtürme Schleswig-Holsteins. Der hölzerne Glockenturm der Beidenflether Kirche stammt aus dem 17. Jh. und ist wohl der markanten Haube des Glückstädter Turms nachempfunden. Die Kirche, ursprünglich ein spätromanischer Backsteinbau, zeigt Spuren vieler Veränderungen. Besondere Aufmerksamkeit verdienen der bronzene Taufkessel (1340) und der schöne Schnitzaltar (Hamburg 1636). Auf dem Friedhof erzählen Grabstelen verstorbener und verschollener Grönlandfahrer vom gefahrvollen Eismeerwalfang, den die Bewohner bis ins 19. Jh. betrieben. Noch vor Gründung seiner ersten Kirche machte das Marschendorf Geschichte: 809 trafen sich hier Gesandte Karls d. Gr. mit Unterhändlern des dänischen Königs zu Friedensverhandlungen.

Ev. Kirche, ursprünglich dem hl. Nikolaus geweiht

Kirchenraum mit Figur des Namenspatrons Nikolaus (um 1300), Alabasteraltar (1643) und Kanzel (um 1630)

Nikolaikirche

Seefahrer-Grabstein. Das dargestellte kleine Segelschiff ist vom Typ Fleute mit Seitenschwert für flache Gewässer

Inmitten eines Friedhofs mit kunstvoll gearbeiteten Grabsteinen des 17.–19. Jh. liegt die jüngste der Föhrer Inselkirchen. Sie entstand als einschiffiger Backsteinbau nach der Mitte des 13. Jh. und vereint romanische wie gotische Stilelemente. Die Gewölbe zeigen noch (inzwischen ergänzte) Malereien aus den Gründungsjahrzehnten.Im Fundament des auf Granitquadern ruhenden Gotteshauses fand man Silbermünzen des Dänenkönigs Waldemar des Siegers († 1241). Der schmucklose Turm wurde noch in mittelalterlicher Zeit erbaut. Über Jahrhunderte diente er als Seezeichen für die Schifffahrt im Wattenmeer.

Grabstein. Darstellung eines Küstenstädtchens mit abgetakeltem Dreimastschiff

Barockaltar von 1727. An seiner Stelle stand 145 Jahre lang der berühmte Vorgänger aus der Werkstatt Hans Brüggemanns

Kirche Bordesholm

Mönchische Charakterköpfe an den Gestühlswangen, Schnitzarbeiten in Eiche (1509), gestiftet von Herzog Friedrich I.

Zu Lebzeiten hatte Herzog Friedrich I. alle Einzelheiten seines Grabmals festgelegt, u.a. mit dem Lieblingshündchen zu Füßen seiner Frau Anna von Brandenburg. Der bronzene Grabkasten ist leer: Friedrich ist im Dom zu Schleswig beigesetzt, Anna unter der Bordesholmer Kirche

Eiserne und bronzene Grabmalverzierung

Schoßhund der Herzogin Anna

Im Jahr 1332 zog das von Vicelin († 1154) gegründete Augustinerchorherrenstift von Neumünster nach Bordesholm. Die Gebeine des Missionars wurden 178 Jahre nach seinem Tod in die neue Klosterkirche umgebettet, gelten jedoch seit 1613 als verschollen. Im 15. Jh. erfolgte die Erweiterung zur dreischiffigen gotischen Hallenkirche, die 1509 vollendet war und dem heutigen Grundriss weitgehend entspricht. In der Reformationszeit (1566) ließ der Landesherr das Stift aufheben und dort eine Gelehrtenschule einrichten, aus der 1665 die Kieler Universität hervorging. Der weltberühmte, 1521 von Hans Brüggemann († um 1540) geschaffene spätgotische Altar wurde 1666 an den Schleswiger Dom abgegeben. Zentral steht das prächtige Bronzegrabmal der Anna von Brandenburg († 1514), Gemahlin Herzog Carl Friedrichs von Holstein-Gottorf († 1533). Dieser selbst liegt – als späterer dänischer König – im Dom zu Schleswig bestattet.

Kirche mit Südeingang, dem sog. Waffenhaus. Männer mussten dort ihre Bewaffnung ablegen

Seit ihrer Weihe um 1150 durch Vicelin hat die Kirche von Bornhöved zahlreiche Änderungen erfahren. Nur an der Nordwand sind noch Spuren der aus Feldstein errichteten Gründungskirche zu erkennen. Die heutige Ostchor verdrängte 1664 den bescheideneren Vorgänger. Sakristeianbau, Fachwerkgiebel und die Außenpfeiler kamen 1735 hinzu, während der neuromanische Turm 1866 den Verlust eines längst abgetragenen Rundturms ersetzte. An älterem Inventar blieb eine Rokokokanzel (1770) erhalten. Als Schlachtenort ging Bornhöved zweifach in die Landesgeschichte ein: 798 schlug Karl d. Gr. die sächsischen Nordalbingier, 1227 beendete ein Heer norddeutscher Fürsten und Städte die Großmachtträume König Waldemars II. von Dänemark.

Stützpfeiler und Grabplatten an der Ostseite

Eingang zum Kirchhof

Kirchenschiff mit Empore, Triumphkreuz, Kanzel und Epitaph

St. Petri

Gotisches Triumphkreuz (16. Jh.)

Auch St. Petri in Bosau geht auf Vicelin zurück, der das Gotteshaus um 1150 als Basilika errichten ließ. Wie zuvor in Bordesholm wurde dieser Bauplatz auf einer Halbinsel am Großen Plöner See aus strategischen Gründen gewählt: Überfälle heidnischer Stämme und, damit verbunden, das Niederbrennen der meist hölzernen Kirchen waren nicht selten. Im 13. Jh. erfolgte bei gefestigten Grenzen der Ausbau zur Landpfarrkirche. Verwendet wurden Feldsteine des nahen Seeufers. Der als Mörtel dienende Gips stammt vom Segeberger Kalkberg. Zur spätgotischen Ausstattung gehören Dreiflügel- und Schreinaltar, Triumphkreuz sowie Vicelinstatue, während die bemalten Emporen, Prunkepitaphe und Kanzel barock gearbeitet sind. Stimmungsvoll schließt der alte Friedhof mit dem See ab.

Oben: Mittelteil des Flügelaltars. Links: Die Vicelinfigur (16. Jh.) zeigt den um 1090 in Hameln geborenen Missionar, Bischof und vielfachen Kirchengründer; er starb 1154 in Neumünster

Die romanische Feldsteinkirche von Brodersby am Meeresarm Schlei hat den spröden Reiz ländlicher Gotteshäuser. Aus der Zeit ihrer Entstehung blieb eine Granittaufe (12. Jh.) erhalten. Mittelalterlich ist auch das Triumpfkreuz (15. Jh.). In der schweren Eichenbalkendecke sparte man für den barocken Orgelprospekt ein Viereck aus. Den hölzernen Glockenturm, 1843 angefügt, passte die Gemeinde mit Bedacht der Höhe des Daches an: Abgaben waren seinerzeit nach der Kirchturmhöhe zu entrichten. Soldatengräber auf dem Kirchhof zeugen von den Kriegen mit Dänemark 1848–1852 und 1864, als der nahe Schleiübergang bei Missunde blutig umkämpft war.

Kirchenschiff mit über der Orgelempore geöffneter Holzbalkendecke

Kirche Brodersby, Südwestansicht

Soldatengrab von 1864

Kanzeluhr (17. Jh.)

Klingelbeutel

Romanische Granittaufe

Maueranker in Kreuzform

St. Johannis d. T.

Um 1210 entstand am Oberlauf der Eider – zu dieser Zeit bildete der Fluss die natürliche Grenze zwischen germanischen Holsten und slawischen Wenden – eine romanische Kapelle als Ursprungsbau der heutigen Johanniskirche. Das Patronat besaß Graf Albrecht von Orlamünde, Statthalter des dänischen Königs im Herzogtum Holstein. 1215 übertrug Albrecht sein Vorrecht dem Kloster der Augustinerchorherren in Neumünster. Die im benachbarten Bissee ansässigen Ritter wollten bald „ihre" Geistlichkeit vom Kloster unabhängiger sehen und erreichten dies durch Schenkung einer Hufe Landes (etwa 50 Hektar), verbunden mit der Auflage, einen Kaplan als zweiten Geistlichen zu verpflichten. Fortan amtierten im kleinen Brügge bis 1724 zwei Pastoren. – Die erwähnte Feldsteinkapelle wurde durch einen Backsteinanbau nach Westen hin gotisch verlängert. Zu ihren ältesten Teilen gehören die paarweise angelegten romanischen Rundbogenfenster im Chor. Der frei stehende hölzerne Glockenturm kam wohl im frühen 17. Jh. hinzu. Einzigartig im Lande ist der Baldachinaltar von 1672.

Den Baldachinaltar unter dem Rippengewölbe des Chores stiftete 1672 der Landrat Hanß Henrich Kielman von Kielmannseck. Links das gotische Chorgestühl (15. Jh.) unter den ältesten Fenstern der Kirche

Gewölbemalerei. Sorgfältig restauriert, haben sich zahlreiche Motive des 14. Jh. nahezu original erhalten. Die Abbildung zeigt das Martyrium christlicher Glaubenszeugen

Bald nach ihrer Erbauung um 1250 wurde die der Maria geweihte Büchener Kirche zum Wallfahrtsort, bis die Reformation im 16. Jh. den Pilgerströmen ein Ende setzte. Feld- und Backstein bestimmen das Äußere der dreischiffigen frühgotischen Hallenkirche. Ihre Gewölbepfeiler sind in lebhaftem Wechsel von roten und schwarzen Glasursteinen ummauert. Als der kleine Chor den Bedürfnissen der wachsenden Zahl von Wallfahrern nicht mehr genügen konnte, erweiterte man ihn gegen Ende des 15. Jh. auf die heutige Größe. Anfang des 14. Jh. erhielten die Gewölbe ihre üppige Ausmalung mit biblischen Gestalten und Ornamenten. Aus der Hofkirche des um 1700 abgerissenen lauenburgischen Schlosses Franzhagen stammen Renaissancekanzel und Emporenbilder. Ein Marienschrein erinnert an die Zeit der Wallfahrten. Die große Kalksteintaufe (um 1240) fertigten gotländische Steinmetzen.

St. Marien. Backsteinturm von 1835

Kanzel (1609) aus der Franzhagener Hofkirche

Trotz bedeutender Veränderungen ist die ursprüngliche Bauweise der Kirche noch gut sichtbar

Kirchenschiff. Blick auf Chor und Flügelaltar

Fehmarns mächtigste Kirche steht in Burg, dem Hauptort der Ostseeinsel. Der dreischiffige Hallenbau wurde um 1230 unter dem Dänenkönig Waldemar II. begonnen. Aus dieser Zeit stammen drei Westjoche des Langhauses und die Lilienmotive in den Gewölben. Der Chor mit Sakristei und der von einer barocken Haube bekrönte wehrhafte Westturm (1513) sind spätgotisch. Dessen Fundament bilden gewaltige Findlinge; Maueranker festigen den äußeren Bau. Das Kircheninnere ist reich ausgestattet, darunter der gotische Flügelaltar (14. Jh.), der baldachinüberwölbte Nebenaltar (1513), die 1940 aus Glückstadt überführte Orgel (1664) sowie zwei Taufen gotländischer (um 1240) und lübischer (1391) Herkunft. Stattliche Epitaphe bedecken Pfeiler und Wände.

Der auferstandene Christus als Weltenrichter (Flügelaltar, Ausschnitt)

St. Nikolai

Kirchenschiff mit Empore, Altar (1712) und Kanzel (1729)

Kirche mit Dachreiter von 1863

Votivschiff

Grabstein für Jacob Budeus, erster prot. Prediger Büsums († 1585)

Büsum gehört zu den 1140 bezeugten Urkirchspielen Dithmarschens, die sich von der Meldorfer Mutterkirche verselbständigten. Die heutige weiß getünchte Ziegelkirche (ehem. St. Clemens) entstand nach 1434 auf einer aus Kleieboden aufgeschütteten Warft. Auffällig sind ihre wuchtigen Außenstreben, die dem Mauerwerk Halt gaben, als Büsum noch eine Insel war und von Sturmfluten heimgesucht wurde. Die flache Holzbalkendecke wurde später in das Kirchenschiff eingezogen, den Chor dagegen überspannt ein gotisches Rippengewölbe. Zur ältesten Ausstattung gehört eine Bronzetaufe (13. Jh.), die vier Figuren in zeitgenössischer Kleidung tragen. Die Überlieferung will sie aus der alten Pellwormer Kirche geraubt wissen. Im Jahr 1495 wurde die aus einer aufgelösten Triumphkreuzgruppe stammende Christusfigur gearbeitet. Das Votivschiff (1821) unter der Decke zählt zu den am besten gearbeiteten und erhaltenen in Schleswig-Holstein.

Lutherbild auf einer Gestühlswange von 1564

Kloster

Aus Lübeck gekommenen Benediktinern diente der einschiffige Backsteinbau über drei Jahrhunderte als Klosterkirche (ehem. St. Maria und St. Johannes Ev.). Um 1240 entstand zunächst der Chor, der sich bis 1300 zum „bedeutendsten gotischen Kirchenbau außerhalb Lübecks" erweiterte. Im Zuge der Reformation wurde das Kloster 1560 aufgelöst und das Gebäude seither als königlicher Witwensitz, Beamtenwohnung und Kulturzentrum genutzt. Die beim Bau entdeckte Quelle in der Brunnenstube des südlichen Trakts ließ Cismar zum Wallfahrtsziel werden. Sein Reliquienschreinaltar (um 1310–1320), eine lübische Schnitzarbeit höchsten Ranges, ist in Norddeutschland einzigartig.

Reliquienschreinaltar: Kreuztragung

Der kostbare Reliquienschreinaltar zeigt in seinem Mittelteil zehn Szenen aus dem Leben Jesu; in den Flügeln Darstellungen aus dem Leben des Ordensgründers Benedikt († um 547) und des Evangelisten Johannes

Christusfigur als Teil einer Triumphkreuzgruppe (14. Jh.)

Auf halbem Weg zwischen Rendsburg und Tönning liegt an der Eider die Delver Kirche. Im frühen 13. Jh. entstand sie als spätromanischer Saalbau aus Feldsteinen und großen Geestfindlingen. Ihre Lage am in vorindustriellen Zeiten viel befahrenen Fluss widerspiegelt sich an drei Votivschiffen, das älteste von 1783, die dem kleinen Gotteshaus maritime Ausstrahlung verleihen. Schiffe mussten auch das Baumaterial für die Kirche herbeibringen, die ursprünglich der Gottesmutter geweiht worden war. Durch Umbauten vor allem im 19. Jh. erhielt St. Maria ihre heutige Gestalt: So wurde das Mauerwerk mit Ziegeln ausgebessert und alle Fensteröffnungen bis auf das romanische Chorfenster an der Ostwand vergrößert. Sehenswert sind im länglichen Kastenchor der Altaraufsatz (Knorpelbarock, 1652), die Bronzetaufe aus dem 13. Jh. und die reich verzierte Predigtkanzel von 1618. Der abseits stehende hölzerne Glockenturm und der neugotische Dachreiter kamen später hinzu. Mit der dramatischen Darstellung von „Isaaks Opferung" (1. Mose 22) besitzt die Kirche eines der wenigen schleswig-holsteinischen „Skandalbilder".

1904 entfachte die als Schenkung eines ehemaligen Delver Bürgers gedachte Rembrandtkopie „Isaaks Opferung" einen heftigen Gemeindestreit

Taufe mit Fußring (13. Jh.)

Altar (1652) mit zentraler Kreuzigungsszene

Kanzelkorb (1618)

Rantzau-Gestühl

Christus im Kreuzrippengewölbe des Chors

Hochaltar Hans Gudewerdts d. J.

Orgelprospekt mit Rokokodekor (1762)

Bronzetaufe (1588)

St. Nikolai

Auf der Landzunge zwischen Eckernförder Bucht und Windebyer Noor entstand Mitte des 15. Jh. die Hallenkirche St. Nikolai. Der ins Schiff einbezogene Turmstumpf und die Sakristei stammen noch von der im 13. Jh. erbauten Vorgängerin. Malerisch schließt ein kleiner Dachreiter den Krüppelwalm des dreischiffigen Backsteinbaus ab. Der mächtige Hochaltar (1640) ist das überragende Werk des Bildschnitzers Hans Gudewerdt d.J. Als man das Eichenholz zum Schutz mit Firnis statt mit Terpentin und Bienenwachs bestrich, färbte es sich schwarz; ebenso erging es der Kanzel (Hans Gudewerdt d. Ä.,1605) und den Epitaphen Ripenau (1653) und Börnsen (1661). Auf dem reich geschnitzten Rantzau-Gestühl (1578) ließ der adlige Auftraggeber seine große Familie darstellen; im selben Jahr wurden auch die Fresken des Chorgewölbes aufgetragen. An der von Löwen getragenen Taufe (1588) ist noch die Wassermarke der schweren Ostseesturmflut von 1872 zu erkennen.

Wappen zu beiden Seiten der Abendmahlsszene zeigen den Altar als reichsgräflich-rantzauische Stiftung

St. Nikolai

Bankwange (Inschrift 1699) und Kanzelkorb

Armentafel mit Darstellung des Armen Lazarus (Lukas 16, 19–31)

Innenraum mit ausgemalter Holztonne, Orgel und Emporen

Sankt Nikolai, deren Anfänge kurz vor 1350 liegen, wurde dem Schutzpatron der Seefahrer geweiht. Während der um die Ostseevormacht geführten Kriege ließ Carl X. Gustav von Schweden 1657 den Flecken an der Krückau niederbrennen. Aus Grundmauern und Turmstumpf entstand bis 1661 ein neues Gotteshaus, das 1733 um den Anbau einer „Schifferkirche" erweitert wurde. An den stattlichen neugotischen Turm (1881) sollte ein ebenso repräsentativer Neubau des Schiffs anschließen – was aus Denkmalschutzgründen scheiterte. Seinen festlichen Raumeindruck erhielt St. Nikolai durch die neubarocke Umgestaltung von 1912/13, bei der vorhandene Gestühlswangen, Emporen, Balken und die Tonnendecke harmonisch einbezogen wurden. Beispiele des Knorpelbarocks sind der Altar (um 1660) und die Predigtkanzel (ab 1642). Armentafel und Opferstock erinnern daran, dass die Fürsorge damals weitgehend in kirchlichen Händen lag.

Kanzel von 1637

Ältere Wandgrabmale aus der Landschaft Stapelholm sind nur in Erfde zu sehen, hier das Epitaph der Familie Rif (1605)

St. Marien-Magdalena

Votivschiff von 1803

Gotländische Kalksteintaufe mit Lilienmotiv (13. Jh.) und Taufdeckel von 1635

Bis ins 19. Jh. waren die Flüsse Eider und Treene schiffbar. So überrascht es nicht, dass auch in der Erfder Dorfkirche (ehem. St. Maria Magdalena) Maritimes seinen Platz findet, wie das Modell einer holländischen Kriegsfregatte, das die einstige Eiderschiffergilde 1803 ihrer Gemeinde stiftete. Um 1200 entstand die Kirche als einschiffiger romanischer Feldsteinbau. Zweimal (1402, 1473) zerstörten Dithmarscher bei ihren Kämpfen um Eigenständigkeit auch das Gotteshaus. Sein ursprünglicher Grundriss ist trotz einer 1682 vorgenommenen Verlängerung des Kirchenraums nach Westen noch gut erkennbar. Die Kirche mit dem abseits stehenden Glockenturm (1781) birgt etliche Kostbarkeiten, unter denen die Jürgen Heidtmann d. Ä. aus Wilster zugeschriebenen Holzschnitzarbeiten (Taufdeckel und Kanzel) besonders hervortreten. Auch der um 1680 entstandene Altar im Knorpelbarockstil trägt eine künstlerisch bedeutende Handschrift, die in das Umfeld des Eckernförder Bildschnitzers Hans Gudewerth d. J. weist.

Unschwer sind die barocken Zusätze vom ursprünglichen mittelalterlichen Flügelaltar zu unterscheiden

St. Maria

Barockkanzel von 1681

Bronzetaufe, von den vier Evangelisten getragen

Nach heutigem Empfinden ist die auf einem Hügel liegende Dorfkirche ungewöhnlich groß geraten. Der einschiffige, der Maria geweihte romanische Feldsteinbau wurde Ende des 12. Jh. begonnen. Bei der Erweiterung des Chors um 1500 erhielt er sein mit gotischen Rankenornamenten ausgemaltes Rippengewölbe; der wuchtig-kantige Backsteinturm ist nur geringfügig jünger. Nord- und Westseite des Kirchenschiffs sind seit 1775 von Emporen umgeben. In der Apsis des Chors steht ein gotischer Flügelaltar (15. Jh.), den ein barocker Aufsatz krönt. Die Chornischen bergen spätgotische Figuren der Gottesmutter und der Anna Selbdritt (Gruppe mit der hl. Anna, der Maria und dem Jesuskind). Sehenswert sind auch die 1619 in Flensburg gegossene Bronzetaufe Michel Diblers und die kastenförmigen Herrschaftsstühle (Renaissance, 1607) der Adelsfamilie v. Rumohr, welche Hans Gudewerdt d. Ä. in Eckernförde üppig beschnitzte. In der Granitschwelle des Nordportals sind Katzenkopf und Kreuz eingemeißelt, um dämonischen Einflüssen den Zugang zu wehren.

Katzenkopf (Nordportal)

Michaeliskirche

Brüggemann-Epitaph (1600, Ausschnitt)

Standleuchter …

… mit der Figur des hl. Michael

Mondsichelmadonna

Kreuzgang

Mitte des 12. Jh. ließ Bischof Vicelins Nachfolger Gerold einen Wirtschaftshof im von holländischen Kolonisten besiedelten Utine (slaw. für Eutin) anlegen. Als der Ort 1257 Stadtrecht erhielt, begann Eutins Aufstieg zur bischöflichen Residenz. Die um 1220 begonnene Backsteinbasilika wurde ab 1309 zur Kollegial- und Stiftskirche erhoben. An- und Umbauten im 14./15. Jh. haben ihren romanischen Charakter verändert; auch Kriegseinwirkungen, Brände und die Reformation wirkten sich aus. Dennoch blieb vieles erhalten: Aus dem frühen 14. Jh. stammen die Ausmalungen („Verkündigung der Geburt Jesu") in den Gewölbescheiteln des gotischen Chores. Zur selben Zeit gelangte der Marienleuchter mit der Figur einer Mondsichelmadonna in den Besitz der Kirche. Der siebenarmige, das Relief des Erzengels Michael zeigende Standleuchter (1444) bezeugt ebenso die Qualität spätmittelalterlicher Handwerkskunst wie die 1511 gegossene Bronzetaufe, den drei kniende Engel tragen. Claus Lille, in Diensten des fürstbischöflichen Hofes zu Eutin, schuf die Kanzel (1653). Unter den Wanddenkmälern ist das Sandsteinepitaph für Anna Berner am ältesten (1567); aus Platzgründen musste der Steinmetz einen Bibelvers unvollendet lassen.

St. Michael, Innenraum. Unter dem gotischen Kreuzrippengewölbe liegen die rundbogigen romanischen Fensteröffnungen des Gründungsbaus

Flämische Tuchhändler fuhren im 13. Jh. von der Nordsee kommend mit flach gehenden Schiffen die Eider aufwärts und gründeten Flemhude vermutlich als Stapelplatz für den Weitertransport ihrer Waren über Land nach Kiel. Dabei nutzten sie die von ihnen um 1240 erbaute Saalkirche auch als Lager. Aus den Anfängen haben sich die Feldsteinwände der Längsseiten und die gotländische Taufe erhalten. Ursprünglich gab es – wie bei alten Kirchen üblich – in der Nordwand einen Fraueneingang, während Männer von Süden her die Kirche betraten; beide Portale sind heute vermauert. Das Wandbild an der Nordseite, den gegeißelten Christus darstellend, entstand noch vor der Reformation. Weil das Kirchen-Innere im Dreißigjährigen Krieg verwüstet wurde, ließ der Quarnbeker Kirchenpatron Hans Heinrich Freiherr von Kielmannsegg, zu dessen Gutsbezirk Flemhude gehörte, große Teile der Einrichtung erneuern. So kam auch der prachtvolle Barockaltar des Kieler Hofbildhauers Theodor Allers auf seinem Platz.

St. Georg- und Mauritiuskirche. Der Dachreiter von 1766 wird Ernst Georg Sonnin zugeschrieben, dem Erbauer der Hamburger St. Michaeliskirche. Stifter war der Quarnbeker Gutsherr Jean Henri Desmercieres († 1778), dessen Sarkophag im Gruftanbau der Ostwand steht

Geißelung Christi (Wandbild)

Als der Flemhuder Pastor Hohenholz vermutlich durch eine Seuche in kurzer Zeit Frau und zwei seiner Kinder verlor, ließ er 1748 den beschädigten Kronleuchter (um 1680) wiederherrichten

Altar von 1685

Renaissance-Grabstein der Anna von Buchwaldt (1597)

Über dem Nordermarkt der Handels- und Hafenstadt erhebt sich die dreischiffige gotische Hallenkirche St. Marien. Ihre Westjoche sind um 1284 entstanden, der Ostteil mit den mächtigen Rundpfeilern wurde vor 1445 beendet. Beide Teile kamen unter dem heutigen Mansarddach (1780) zusammen. Erst 1731 erhielt die Stadtkirche ihren Turm, der 150 Jahre später neugotisch umgestaltet wurde. Das Gotteshaus besitzt zahlreiche sakrale Kostbarkeiten, so aus dem 16. Jh. den Prunkaltar Heinrich Ringeringks, Taufe und Kanzel. Holzepitaphe, u.a. von Gudewerth d. J. und Ringeringk, zeigen die Gestaltungsvielfalt barocker Plastik.

St. Marien

Bronzetaufe von 1591

Ringeringk-Altar von 1598

Mit St. Nikolai am Südermarkt besitzt Flensburg eine zweite bedeutende Kirche, die 1390–1480 als gotische Halle erbaut wurde. Wie schon in St. Marien gebührt einer Arbeit Heinrich Ringeringks die größte Aufmerksamkeit: Sein monumentaler, 1609 vollendeter Orgelprospekt umschließt die „bedeutendste Renaissanceorgel Norddeutschlands". Den Verkauf großer Teile des Inventars in den 1840er Jahren überstanden Bronzetaufe (1497), Kanzel (1570) und der Altar (1749). An den Wänden hängen schön gestaltete Epitaphe.

Die Schönheit der Ringeringk-Orgel zeigt sich auch aus der Nähe: Wappen der dänischen Königin Anna Catharina

Die Erhabenheit des barocken Altars beginnt sich in verspieltes Rokoko aufzulösen

Wandleuchter von 1600 mit Engelsfigur

St. Nikolai. Der 1582 angefügte Turm wurde neugotisch verändert

Taufbeckenrelief (Peter Hansen, 1497)

Triumphkreuz (nach 1550)

Kirche Flintbek

Die Kassettendecke des Innenraums wurde 1923 eingezogen und von einem Gardinger Künstler bemalt

Brautstock von 1720: Wie für die Armen der Gemeinde, wurde in Flintbek auch für Hochzeitspaare gesammelt

Flintbeks schlichte Bauernkirche ist ein spätgotischer Saalbau vermutlich des 14. Jh. Ihre Backsteinmauern liegen heute unter Putz. Der hölzerne Westturm von 1615, mit Holzschindeln gedeckt, wurde mehrfach verändert. In den gotischen Schnitzaltar (um 1450) sind zehn Heiligenfiguren eingefügt – Grund zur wenigstens zweimaligen Auslagerung des Altars, da der „katholische Einfluss" protestantische Gläubige nicht beeinträchtigen sollte. Kurz vor der Reformation schuf der Kieler Gießer Reymer Jappe die von Mönchen getragene Bronzetaufe (1504). Den Barockstil vertreten die Kanzel (17. Jh.) und die 1729 eingebauten, schön gearbeiteten Emporen.

Heiligenfiguren am Altar (Ausschnitt)

Emporenplatz für „Johan Andreas Freitag – Holtzförster" (Mitte 18. Jh.)

Neben Glückstadt ist das an der Mündung der Treene in die Eider liegende Friedrichstadt die einzige schleswig-holsteinische Stadtgründung (1621) nach der Reformation. Seine lutherische Kirche wurde 1649 vollendet, der Turm erhielt das heutige Aussehen 1762. Der Flensburger Ringeringk-Werkstatt wird die wohl aus einer 1634 untergegangenen Kirche Alt-Nordstrands gerettete Kanzel zugeschrieben. 1675 stiftete der in Tönning geborene Rembrandt- und van-Dyck-Schüler Jürgen Ovens († 1678 Friedrichstadt) sein Hauptwerk „Beweinung Christi". Vor dem Westportal stehen, efeuumrankt, klassizistische Grabstelen. Ein schlichter Stein ehrt die 1850 bei der vergeblichen Belagerung Friedrichstadts gefallenen Schleswig-Holsteiner.

Luth. Christophorus-Kirche

Gedenkstein nach dem Deutsch-Dänischen Krieg 1864 für die Toten von 1850

Votivschiff (Kriegsschaluppe) von 1738

„Ringeringk-Kanzel" (frühes 17. Jh.)

Klassizistischer Grabstein an der Südwand

Altarbild „Beweinung Christi" (J. Ovens)

St. Christian. Turm mit Helm von 1818

Älteste Renaissancekanzel im sog. Eiderstedter Stil

Gotischer Orgelprospekt, im Vordergrund das barocke Rückpositiv (um 1700)

Gemäldeflügelaltar (M. van Achten, 1596). Reich verzierte Abendmahlsbänke (1705) stehen noch in vielen Kirchen Eiderstedts

Gardings auf einem Hügel stehende Kirche geht auf das 12. Jh. zurück. Sein massiger, durch Maueranker gesicherter Turm erreichte im 15. Jh. die heutige Höhe. Im kreuzförmigen Kirchenschiff haben sich Malereien aus Gotik und Renaissance erhalten. Prächtig ist der Gemäldeflügelaltar (1596), ein Werk des Gottorfer Hofmalers Marten van Achten († um 1610). Der 1512 geschnitzte Orgelprospekt gehört zu den ältesten seiner Art in Norddeutschland. Niederländischen Einfluss verrät die repräsentative Kanzel von 1563.

Kirchenschiff mit wuchtigen Rundsäulen

St. Katharinen

Mittelschrein des Geltinger Altars (heute im Landesmuseum Schloss Gottorf ausgestellt)

Kastenloge (1794)

Nach der einheitlichen Umgestaltung im frühklassizistischen Stil (1794) ist der Gründungsbau der um 1300 errichteten Kirche nur noch äußerlich erkennbar. Der alte gotische Altar steht heute in Schloss Gottorf. Als Patronatskirche erhielt St. Katharinen bei der Erneuerung vier Adelslogen. Raumfüllend wirkt die Altarwand, über der sich die Orgel erhebt. Eine Gruft nimmt Särge und Sarkophage (17./18. Jh.) der zum schleswig-holsteinischen Uradel zählenden Familien Ahlefeldt und Rumohr auf.

Altarwand von 1794 mit Orgelempore

Kanzel (um 1639, verändert)

Im späten Mittelalter wurde die auffällig lang gezogene gotische Kirche zum Wallfahrtsort. Ihre ältesten Teile entstanden noch vor 1300, der Turm wurde 1491 vollendet. Die neugotische Einrichtung von 1868 passt sich der Baugeschichte an. Künstlerisch herausragend sind der nach Lübecker Art gearbeitete Marienaltar (um 1518), die Bronzetaufe (1424) und die Kanzel Hans Gudewerdts d. Ä. (1598).

Schindelbedeckung des Kirchturms

Marienaltar (Zentralbild)

Das gewölbte Kirchenschiff mit Taufe, Kanzel und Orgelempore

Nur die Nordmauer der am Selenter See gelegenen Feldsteinkirche geht auf die erste Bauzeit um 1250 zurück. Viel später erst, 1813, trat der klassizistische Ziegelturm dazu. Um 1500 entstand mit dem lübischen Schnitzaltar der kostbarste Besitz der Saalkirche. Die Kanzel ist von 1591, das Triumphkreuz noch ein Jahrhundert älter. Als Patronatskirche besitzt St. Johannes zwei Adelslogen. An der Südaußenwand ist das Epitaph für Daniel Rantzau (1589) eingelassen. Das der Kirche benachbarte Pastorat zeigt sich als stattliches klassizistisches Gebäude (1822).

„Auf eigene Beköstigung" ließ „der Herr Patronus" 1673 den Altar instandsetzen und mit dieser Tafel kundtun

Kanzelfront mit Auferstehungsrelief und Patronatswappen

Glockenturm der Johanneskirche mit Laternenaufsatz

Einem unbekannten Meister verdankt die Kirche ihren spätgotischen Flügelaltar

Wetterfahne mit Fortuna

Triumphkreuz (17. Jh.)

Altar von 1695

Christian IV. von Dänemark (Bronzebüste an der Kirche). Als Förderer von Industrie und Handel genoss der Monarch hohe Popularität

Die Gründung Glückstadts (1617) entsprang dem ehrgeizigen Wunsch Christians IV. von Dänemark († 1648), dem wirtschaftlich übermächtigen Hamburg mit einem befestigten Handels- und Hafenort Konkurrenz zu machen. In jener Zeit eroberten Glückstädter Schiffe bei einem Seegefecht mit der Hamburger Flotte einen hanseatischen Anker, der heute am Turm der Stadtkirche zu sehen ist. Diese wurde 1618–1623 als Saalbau errichtet und schon 1650 nach Süden erweitert. Die lang gezogene Turmhaube blieb trotz mancher Nachbildungen einzigartig in Schleswig-Holstein, ebenso wie deren sonderbare Bekrönung, die Glücksgöttin Fortuna. Eine einheitliche Barockausstattung um den Alabasteraltar verleiht dem tonnengewölbten Innenraum sein harmonisches Bild.

Über 100 biblische Motive füllen die Felder der noch vor 1700 gearbeiteten Emporen

Stadtkirche

Wenige Sakralbauten erhalten sich so stilrein wie zu ihrer Erbauungszeit. Unter diesen ist die Kirche von Großenaspe. Ihr achteckiger barocker Ziegel-Zentralbau, 1771 vollendet, wiederholt sich in Schleswig-Holstein nur noch in der größeren, kaum 15 Jahre älteren Rellinger Kirche. Auch ihr Entstehungshintergrund ist denkwürdig, denn als Stifterin und Namensgeberin der von Johann Adam Richter erbauten Kirche tritt die russische Zarin Katharina II. d. Gr. hervor – durch Heirat zugleich Landesherrin in Holstein-Gottorf. Reformfreudig setzte die gebürtige Prinzessin von Anhalt-Zerbst († 1796) den unter Peter d. Gr. begonnenen Aufstieg Russlands zur europäischen Großmacht fort. Aus der Geschlossenheit der spätbarocken Einrichtung fällt ein frühgotisches Eichenkruzifix aus dem Rahmen.

Katharinenkirche

Kruzifix (um 1260)

Katharina II. d. Gr. von Russland

Die Holzausstattung um den hohen Kanzelaltar (1772) entspricht unverändert der Erbauungszeit; rechts das Bild der fürstlichen Stifterin

Altarraum mit Taufengel (1768), Altar und Gutsloge

St. Georg

Wie bei vielen alten Kirchen Schleswig-Holsteins wurde auch der gedrungene Turm der um 1250 erbauten Saalkirche St. Georg erst später angefügt. Von hohem künstlerischen Rang ist der Schnitzaltar, dessen äußere Flügel in leuchtenden Farben Heiligenszenen darstellen (Ende 15. Jh.). Die prächtige Loge für die Gutsherrschaft entstand 1657. – Im ehemaligen Pfarrhaus (heute im Freilichtmuseum Kiel-Molfsee) verfasste Pastor Johannes Stricker mit dem 1584 erschienenen zeitkritischen Schauspiel „De Düdesche Schlömer" (Der deutsche Schlemmer) das bedeutendste niederdeutsche Drama seines Jahrhunderts.

Altar-Mittelschrein

Altar (gotisch, 15. Jh.)

St. Andreas

Kreuzgruppe (um 1250)

Altarfiguren

Die kleine spätromanische Feldsteinkirche wurde an der engsten Stelle zwischen Schleibucht und Haddebyer Noor erbaut. Vermutlich um 1200 entstanden, gehört sie zu den ältesten Gotteshäusern im Landesteil Schleswig. In unmittelbarer Nachbarschaft liegt der im 11. Jh. verödete Seehandelsplatz Haithabu, dessen wirtschaftliche Funktionen das aufstrebende Schleswig übernahm. Größte Kostbarkeit des einschiffigen, doch geräumigen Baus ist der Flügelaltar (15. Jh.) im gotischen Chor. Das überlebensgroße Kruzifix samt seinen Beifiguren Maria und Johannes wurde um 1250 gefertigt. Auch die dem Apostel Andreas, dem Bruder des Petrus geweihte Kirche besitzt eine der vielerorts eingeführten gotländischen Kalksteintaufen (um 1250).

Triumphkreuz

Der hölzerne Glockenturm wurde 1763 nach einem Brand errichtet

Etwa um die Zeit, als Waldemar I. südlich von Schleswig das Danewerk – damals Südgrenze des dänischen Reiches – um die "Waldemarsmauer" (um 1180) verstärken ließ, entstand in Havetoft eine schlichte romanische Kapelle für die umliegenden Dörfer. Die heutige mit gotischem Kreuzrippengewölbe versehene Kirche ruht auf einem Granitquadersockel. Da das teure Material nicht ausreichte, wurde der Bau mit Feldsteinen vollendet. Zwischen dem Dreißigjährigen Krieg (1618–1648) und dem Ende des Nordischen Krieges (1721) hatte das an der Heerstraße liegende Kirchspiel wiederholt unter Plünderungen durchziehender Truppen zu leiden. – Den Kirchhof von St. Marien betritt man durch das älteste gemauerte Friedhofstor (1626) der Landschaft Angeln. Zur ältesten Einrichtung gehören die Granittaufe (um 1250) und das gotische Triumphkreuz (14. Jh.).

Aposteldarstellungen am Fries der Taufe

Renovierungsinschrift
am alten Friedhofstor

Barockaltar von 1699

St. Jürgen mit Westturm

Am Kreuzungspunkt alter Handelsstraßen entwickelte sich im späten Mittelalter der Marktflecken Heide. Aus einer Kapelle wurde im 15. Jh. die heutige Kirche, nun an der Südwestecke des „größten Marktplatzes Deutschlands" gelegen. Der Freiheitsdrang seiner Bevölkerung hatte zur weitgehenden Unabhängigkeit Dithmarschens geführt, bis die Bauernrepublik 1559 einem Heer holsteinischer Fürsten unterlag. Bei der Erstürmung Heides wurde auch St. Jürgen beschädigt, bald aber wieder hergerichtet. 1695 erweiterte man den lang gestreckten Saalbau nach Süden. Der hölzerne Turm über dem Westgiebel prägt seit 1611 die Silhouette der Kirche; der inzwischen erneuerte Dachreiter kam 1711 hinzu. Beim Einbau der Kassettendecke (1880) musste ein Fach für den hohen barocken Altar geöffnet werden. Die Ende des 16. Jh. entstandene Kanzel ist eine meisterhafte Arbeit, wie auch der kleinere Schnitzaltar (1515), dessen Figuren den Einfluss Dürers († 1528) und Cranachs († 1553) erahnen lassen. Eines der Reliefs zeigt den Drachentöter St. Georg – wie die süddeutsche Namensform des norddeutschen Jürgen lautet.

Altarbild „Grablegung Christi"

Barockkanzel

Die mittelalterliche Vorgängerin der Patronatskirche von Hohenstein besaß einem alten Siegel zufolge noch Holzturm und Treppengiebel. Nach dem Abriss des hinfälligen Gebäudes entstand 1840 der durch die Romantik inspirierte neugotische Bau, veranlasst vom Kirchenpatron Ernst Graf von Reventlow auf Farve. Nur in der Sakristei hat sich noch das ältere Kreuzrippengewölbe erhalten. Bis auf das Gestühl (1840) wurde die barocke Ausstattung der alten Kirche weitgehend übernommen. Vermutlich in der Werkstatt des in Rom und Mailand geschulten Hofbildhauers Theodor Allers aus Kiel († um 1706) entstanden 1681–1698 Altar, Taufe, Kanzel, zwei Epitaphe sowie die repräsentative Große Loge. Auftraggeber und Stifter waren die Grundherren der Pogwisch und Blome auf Gut Farve sowie Ahlefeldt auf Gut Ehlerstorf. In einer Gruft unter der Orgel ruht in einem Sandsteinsarkophag Lucia Henriette Blome († 1777), Lehnsgräfin von Holstein-Holsteinborg und Erbin von Farve. Wenige Jahre nach dem Kirchbau entstand auch die neugotische Kapelle auf dem Friedhof.

Altar. Reliefs des gefangenen und des segnendem Christus (oben)

Pogwisch-Epitaph (1698) mit den Allegorien der Gerechtigkeit (links) und Hoffnung

Kirche Hohenstein

Kirchensaal

Altargemälde „Hochzeit zu Kana" (Johannes 2, 1–11); davor Leuchterpaar von 1469

Emporenbild „Jakobs Kampf mit dem Engel" (1. Mose 32, 22 ff.)

Urkunden belegen drei nacheinander entstandene Marienkirchen in der historischen Landschaft Kampen, die von den Flüssen Eider und Sorge begrenzt wird. Der zweite Bau musste 1691 einer Erweiterung der Rendsburger Festungsanlagen weichen. Pferd und Wagen brachten das Inventar nach Hohn, das der Herzog von Gottorf als Bauplatz für die nunmehr dritte Marienkirche angewiesen hatte. Sie entstand als schlichter Backsteinsaal (1694) mit flacher Holzbalkendecke; durch den kleinen Südanbau (Priestereingang) betrat der Geistliche die Kirche. Ihr gemauerter Turm mit dem spitzen Helm wurde erst 1842 anstelle des schadhaft gewordenen Holzturmes angefügt. Bis heute hat sich die Ausstattung – u.a. Kanzel (1593), Westempore (1595) und Nordempore (1682) – der mittleren Marienkirche erhalten. Weitere Kostbarkeiten sind die wohl aus Gotland eingeführte Granittaufe (um 1280) und das spätgotische Triumphkreuz.

Kanzelfuß von 1593

Marienkirche

Passionsfolge nach Art der französischen Hochgotik

Christus, das Lamm Gottes, auf dem Sockel des Taufsteins

Marienkirche

Wie alle alten Dorfkirchen Angelns ist auch die Hüruper Marienkirche zwischen 1140 und 1250 entstanden. Ihr Stil ist im Kern spätromanisch, wenn auch Fensteröffnungen und Eingänge bis ins 20. Jh. hinein verändert wurden. Der einschiffige Backsteinsaal erhielt seinen Turm erst nach 1500. Berühmt ist die sog. Passionsfolge (um 1270), eine über sechs Meter lange Holztafel mit sieben Stationen des Leidensweges Christi. Das die Handschrift von zwei Künstlern tragende Werk ist das bedeutendste seiner Art und Zeit in Schleswig-Holstein. Seine ausdrucksstarken Schnitzereien erinnern an die aus Chartres, Reims und Amiens bekannte gotische Kathedralplastik. Man nimmt an, dass die Tafel vor der Reformation als Brüstung eines nun entfernten Lettners diente, möglicherweise aber auch von Anfang an über dem Chorbogen angebracht war. Neben der Passionsfolge besitzt die Marienkirche weitere Preziosen wie den Schreinaltar (15. Jh.) mit einer figürlichen Darstellung der Dreifaltigkeit, der lange unbeachtet auf dem Schulboden lag. Die um 1190 gefertigte Granittaufe gilt als Glanzstück mittelalterlicher Steinmetzkunst. An der Besonderheit der Ringe in Form von (Schiffs)Tauen ließ sich ihr Herstellungsort nördlich von Aarhus feststellen. Auch hat der Steinmetz Horder seinen Namen in Runenschrift hinterlassen.

Schreinaltar mit Gottvater (mit Reichsapfel), Christus und Heiligem Geist (mit Taube)

Kirchenschiff mit Balkendecke, Nordempore (1736) und der einen Mühlstein haltenden Vincentiusfigur (15. Jh.)

Erzengel Michael

Die Kirche von Husby im nördlichen Angeln entstand um 1200 als romanischer Bau. Wie die Gotteshäuser in Munkbrarup, Norderbrarup und Sörup gehört St. Vincentius – ihr Namensgeber war ein spanischer Märtyrer – zu jenen Granitquaderkirchen, die vermutlich von Baumeistern der Schleswiger Domhütte errichtet wurden. Etwa zwei Jahrhunderte später wurde der heute quaderverblendete, durch Maueranker gefestigte Turm angefügt. Seit 1603 trägt er seinen spitzen Helm. 1786 wurde die Kirche umgestaltet; dabei erhielt der Chor seinen Rokokoaltar, das Werk eines einheimischen Tischlers. Die Granittaufe ist vermutlich älter als die Kirche und weist auf eine ostjütländische Herkunft hin. Im Fuß drohen Löwe und Drache als Symbole des lauernden Bösen. Zur Ausstattung gehören auch die lebensgroße Statue des den Drachen (den Satan) besiegenden Erzengels Michael (um 1230) und die 1691 gearbeitete Kanzel.

St. Vincentius

Taufstein mit Kreuzigungsrelief

Kirchenschiff

Marktkirche

Messingtaufe, von Apostelfiguren getragen

Kanzelaltar mit ionischen Säulen und Schranken

Epitaph des Reformators und ersten ev.-luth. Predigers in Husum, Hermann Tast (1490–1551)

Seit dem Jahr 1436 besitzt Husum eine eigene Kirche. Bis dahin besuchten die Gläubigen den Gottesdienst im benachbarten Mildstedt. Der spätgotische Bau wurde 1807 ohne Not abgerissen, sein Inventar größtenteils versteigert. Nach Plänen des dänischen Staatsbaumeisters Christian Friedrich Hansen († 1845), dessen Eltern aus Husum gebürtig waren, entstand 1829–1833 die neue Marktkirche aus gelbem Backstein. Neben der Vicelinkirche in Neumünster, ebenfalls ein Werk Hansens, gilt sie als bedeutendster Sakralbau des Klassizismus in Schleswig-Holstein. Ihre nüchterne, fast kühle Ausstattung ist kalkuliert – nichts sollte von der erbaulich-vernunftbetonten Predigt ablenken. Die Allee mächtiger dorischer Säulen im Kirchenschiff deutet zugleich Schutz und Zugang zum Ziel des Weges, dem Kanzelaltar, an. Dieser wird von ionischen Säulen flankiert, die in ihrem symbolischen Rang weit höher stehen als die schlichteren dorischen. Von der Einrichtung der Vorgängerin wurde neben dem Abendmahlsgerät und nur die barocke Messingtaufe (1643) des Husumer Meisters Lorenz Karstens übernommen.

Tonnengewölbe. „Christi Himmelfahrt" (links), „Bekehrung des Paulus"

Das St.-Jürgen-Stift wurde um 1230 als Aussätzigenhospital und Armenhaus gegründet. Seine heutige, als schlichter Fachwerksaal errichtete Kapelle verknüpft ihr Entstehen mit einer ortsgeschichtlichen Katastrophe: Während des Krieges mit Polen und Dänemark (1655–1660) ließ Karl X. Gustav von Schweden auch das von dänischen Truppen verteidigte Itzehoe in Brand schießen, wie Tage zuvor schon Elmshorn. Die nach 1657 wieder entstandene Kapelle birgt eine einheitliche Barockausstattung (Altar, Lettner, Kanzel, Gestühl), überwölbt durch eine vollständig ausgemalte Tonnendecke mit derbdramatischen Darstellungen biblischer Ereignisse. Möglicherweise dienten die Fresken Michelangelos (1512) in der Sixtinischen Kapelle in Rom als Vorbild.

Engelsfigur

Kanzel von 1657

Eingang. „St. Georg kämpft mit dem Drachen"

Kapelle St. Jürgen

Der Orgelprospekt (1718) geht auf den berühmten Arp Schnitger zurück

Der Vorgänger der Itzehoer Laurentiuskirche reicht weit ins 12. Jh. zurück. Nach der Zerstörung des mittelalterlichen Baus während der schwedischen Belagerung der Stadt 1657 entstand bis 1718 die heutige dreischiffige, barocke Saalkirche. An ihrer Nordseite finden sich Reste eines gotischen Kreuzgangs. Dieser gehörte zu einem ebenfalls vernichteten, nach der Reformation als adliges Damenstift weitergeführten Zisterziensernonnenkloster. Im anschließenden Klosterhof sind die im 17.–19. Jh. erbauten, um einen Teich herum gruppierten Gebäude der einstigen Stiftsbewohnerinnen erhalten. Der aus Sieseby gebürtige Johannes Otzen († 1911), vor 1900 einer der renommiertesten Kirchenbaumeister Deutschlands, gab dem alten Turm 1894 die jetzige Form und Höhe. Das Kircheninnere wurde 1962 nach Plänen Otto Andersens neu gestaltet. Dabei entfernte man den Chorlettner, um eine freie Sicht auf den frühbarocken, in quadratische Schnitzbilder geteilten Altar zu ermöglichen. Auch die Grüfte mit Sarkophagen (17./18. Jh.) der Adelsfamilien Ahlefeldt und Rantzau sind seither zugänglich.

Barockkanzel (1661/1718)

24-Felder-Altar von 1661

Kreuzgang des 1657 zerstörten Zisterziensernonnenklosters mit Epitaphe von Äbtissinnen

St. Nikolai

Kanzel, Altar und Orgel sind zu einer Einheit verschmolzen. Wie die Emporen entstanden sie im Jahr 1793

Kappeln in Angeln geht vermutlich auf eine Wikingersiedlung zurück. Doch der Ortsname bezieht sich auf eine Kapelle, die vor 1155 an der Schlei erbaut und Nikolaus, dem Schutzpatron der Seefahrer, geweiht worden war. Nach dem Abriss der ersten, wohl vor 1424 errichteten Nikolaikirche entstand an ihrer Stelle der spätbarocke Neubau (1789–1793), mit dem der Kirchenpatron und Gutsherr auf Roest, Hans Adolf v. Rumohr, den dänischen Landesbaumeister Johann Adam Richter († 1813) beauftragte. Der Schüler Ernst Georg Sonnins (Michaeliskirche, Hamburg) entwarf einen Backsteinsaal, dessen Einrichtung nahezu vollständig erhalten ist. Aus dem mittelalterlichen Bau stammt ein Kruzifix (13. Jh.), das nun an der Südwand seinen Platz hat. Für den barocken Altar aus der Vorgängerkirche, 1641 von Hans Gudewerth d. J. in Eckernförde geschaffen, war jedoch kein Raum mehr. Man verwendete aber das Mittelstück mit einer Abendmahlsszene als neues Altarbild. Aus Respekt vor dem Kirchenpatron wurde der „Restaltar" an der Nordwand angebracht. Der Bauherr selbst ruht in seiner Familiengruft unter dem Ostteil der Kirche.

Hans Gudewerth d. J., Abendmal. In dem Jünger, der sich Jesus zuneigt, soll der Künstler sich selbst dargestellt haben

Wetterfahne auf dem Dachreiter (1794)

Innenraum mit Triumphkreuzgruppe (1615) und Altar

St. Georg (15. Jh.)

St. Katharina strahlt die Atmosphäre einer bäuerlichen Kirche aus. Die Anfänge des Gotteshauses reichen ins 12. Jh. zurück, wie es noch die romanischen Rundbogenfenster in der Nordwand bezeugen. Der Chor mit dem prächtigen Flügelaltar (1617) entstand bald nach 1500; das abseits stehende Glockenhaus kam im 17. Jh. dazu. Auffällig groß geraten ist die Kanzel – möglicherweise war sie für eine andere Kirche gedacht. Drei Besonderheiten verdienen die Hervorhebung: Im Innenraum zeigt ein Zifferblatt (1617) von der Größe einer Turmuhr die vollen Stunden an; im Altarraum steht die beinahe lebensgroße Figur St. Jürgens (= Georg) zu Pferde; und über dem Dachreiter dreht sich ein Mädchen in Eiderstedter Tracht nach dem Winde.

St. Katharina mit Glockenhaus

Zifferblatt im Kirchenschiff

Totengedenkleuchte (Mitte 19. Jh.)

Triumphkreuzgruppe auf allegorisch verziertem Balken, dahinter der Altar

St. Laurentius

Im Turm der Laurentiuskirche schlägt die älteste Glocke Eiderstedts (um 1300); ihren Platz teilt sie sich mit einem jüngeren Geläut (1489). Das Gotteshaus entstand im 12. Jh. als romanischer Feldsteinbau, zu dessen östlicher Erweiterung im 13. Jh. man Backsteine verwendete. St. Laurentius besitzt einen prächtigen spätgotischen Flügelaltar, den die für Eiderstedt typischen reich beschnitzten Abendmahlsbänke (um 1700) flankieren. Auch die Renaissancekanzel (1580) zeigt regionale Merkmale. Vor dem Chor zieht eine detailreiche Triumphkreuzgruppe (1520) die Blicke auf sich. Das Chorgestühl (um 1480) deutet daraufhin, dass die kleine Kirche einmal einen größeren Einzugsbereich besaß.

Glocke von 1489

Gotische Marienfigur aus der Keitumer Kirche im Schloss Gottorf

Die verwitterte Sockelplatte der Taufe zeigt vier Löwen

Altarmittelteil: Gottvater (im Gnadenstuhl) zeigt der Gemeinde den auferstandenen Christus; links Maria, rechts St. Severin

Auf dem höchsten Punkt der Sylter Geest befand sich in altgermanischer Zeit ein heidnischer Opferplatz. Für ein Gotteshaus an gleicher Stelle soll der Dänenkönig Knut d. Gr. († 1035) Steine und finanzielle Mittel gegeben haben. Die jetzige, aus rheinischem Tuff, Feld- und Ziegelsteinen errichtete Keitumer Kirche hat sich weitgehend rein als romanischer Bau des frühen 12. Jh. erhalten. Ihr spätgotischer Turm (um 1450) wurde bis Anfang des 17. Jh. als Seezeichen genutzt; in den Jahrzehnten danach diente er sogar als Gefängnis. Pest (1350) und Sturmfluten (1354, 1362) entvölkerten die Insel vorübergehend. Bei der zweiten Missionierung unter den Neusiedlern erhielt die Kirche ihren Namen „St. Severin". Ältestes Stück ist die Taufe (um 1250), deren Sandstein in der (Bad) Bent-heimer Gegend gebrochen wurde. Der schöne spätgotische Flügelaltar entstand wohl kurz vor 1500. Die Renaissancekanzel (1580) aus einer Kirche in Mögeltondern/Dänemark stiftete das Pastorenehepaar Cruppius im Jahr 1699 seiner Gemeinde.

St. Severin

Passionsseite des Erzväteraltars, so genannt nach seiner Darstellung alttestamentlicher Gestalten von Noah bis Joseph auf den äußeren Flügeln

St. Nikolai

Taufe mit Szenen aus dem Leben Jesu

Im 13./14. Jh. als gotische Backsteinhalle errichtet, wurde die Hauptkirche St. Nikolai 1878–1884 neugotisch restauriert und mit Industrieziegeln verblendet. Die Ausstattung blieb indes unangetastet. 1943/44 wurde der dreischiffige Bau bis auf die Grundmauern zerstört – Kiel war die meistbombardierte Stadt Schleswig-Holsteins und Ziel des letzten alliierten Angriffs im Zweiten Weltkrieg. Beim Wiederaufbau ab 1950 ergänzte man Verlorengegangenes betont nüchtern und verzichtete auch auf die Wiederherstellung der gotischen Gewölbe. Die meisten Kunstschätze waren im Krieg in die Bordesholmer Klosterkirche ausgelagert worden und kehrten unversehrt zurück. Hierzu zählen der kostbare Erzväteraltar (um 1460), das gotische Triumphkreuz und die vom Lübecker Gießer Hans Apengeter 1344 kunstvoll geschaffene Bronzetaufe. Auch die Kanzel (Theodor Allers, 1705) überstand das Inferno. Selbst die im Krieg abgehängten Glocken blieben erhalten, weil eine Kommission sie als zu kostbar für die Einschmelzung erachtete.

Wie die mittelalterlichen Kirchen Lübecks erhoben sich auch St. Nikolai und die meisten anderen Sakralbauten der Landeshauptstadt nur noch als Ruinen über der Trümmerwüste ringsum. Christen aus Coventry suchten bald nach dem Krieg die Aussöhnung mit dem einstigen Todfeind. Die mittelenglische Industriestadt wurde am 14. November 1940 von deutschen Bombern als Vergeltung für gegen Berlin geflogene Angriffe in Brand geschossen. Ein Pfarrer barg damals handgeschmiedete mittelalterliche Nägel aus den Trümmern der zerstörten und als Mahnmal belassenen Kathedrale und fügte sie zu einem Kreuz zusammen, schon in der Absicht, es nach dem Ende der Gewalt als Zeichen der Versöhnung nach Deutschland zu bringen. Dieses erste Coventry-Kreuz wurde dem Kieler Propsten Johannes Lorentzen 1947 in dessen Notquartier für die Kirche St. Nikolai übergeben – der Überbringer war der Bischof von Coventry persönlich.

Das erste Coventry-Kreuz (1940/47)

Narben des Krieges

Triumphkreuz von 1490

Der 1928 von Ernst Barlach für die (1943 zerstörte) Heilig-Geist-Kirche geschaffene „Geistkämpfer" musste 1936 als „entartete Kunst" entfernt werden – zerlegt und versteckt, überstand die Bronzeplastik Krieg und nationalsozialistischen Bildersturm

Holzturm St. Catharinens

Der Bothkamper Gutsstuhl (um 1750) liegt der Kanzel (1606) gegenüber

Taufengel

Renaissancekanzel (1606)

Reservierte Kirchenbank

Bei einer Dachstuhlreparatur untersuchte man die alten Balken nach dem Verfahren der Baumringchronologie. Der Befund ergab, dass die Dachkonstruktion (um 1466) der Kirche und ihr hölzerner Turm zu den ältesten im Lande gehören. Um 1695 erhielt St. Katharinen ihr heutiges Aussehen. Die Grundherren auf Gut Bothkamp, zu deren Besitzungen Kirchbarkau gehörte, statteten ihre Patronatskirche u.a. mit Empore, Adels- und Gemeindegestühl aus. An die Nordseite kam ein Gruftanbau (1737) mit malerisch geschweiftem Giebel. Nicht nur in dieser Gemeinde sorgte das Gestühl für Zwistigkeiten. Die anfänglich klare Sitzordnung – Männer saßen links, Frauen rechts vom Pastor aus gesehen – wurde mitunter durch Eifersüchteleien um soziale Rangordnungen infrage gestellt. Die begehrtesten Plätze lagen vorn oder unmittelbar am Gang. Platzinhaber kennzeichneten ihren Sitz mit Namen – und fügten vorausschauend hinzu „... und für seine Erben".

Kirche mit Mausoleumsanbau

Unweit des Bungsberges (168 m) liegt in der Landschaft Wagrien der frühere Wallfahrtsort Kirchnüchel. Sein Gotteshaus, das an einer von slawischen Obotriten verehrten Quelle entstand, ist der höchstgelegene Sakralbau Schleswig-Holsteins. Im Zuge der Christianisierung Wagriens durch Vicelin entstand nach 1250 die heutige einschiffige Kirche. Bis zur Reformation blieb der Bau eine Stätte der Marienverehrung. 1660 ließ man ihn barock erneuern, der Turm wurde 1716 verstärkt. Für die modernen Kirchenfenster mit Motiven Marc Chagalls übernahm man dessen Ätz- und Schmelztechnik. Im Auftrag der Patronatsfamilie Brockdorff auf Gut Kletkamp entwarf der aus Antwerpen stammende Bildhauer Thomas Quellinus († 1709) ab 1697 ein prächtiges Mausoleum. In der Grabkapelle ruht ihr Bauherr, der 1725 verstorbene Graf Cai Lorenz v. Brockdorff.

Chagall-Fenster (Max Schegulla, 1969/71)

Allegorische Figuren umgeben das Portrait des Grafen Brockdorff

Brockdorffsche Gruft

Triumphkreuzgruppe, im Hintergrund der Flügelaltar (um 1480)

Der hölzerne Taufengel schmückte einmal die Stube eines Haubargs

St. Leonhard mit Glockenturm und Dachreiter (1826)

Die Leonhardkirche entstand um 1200 auf einer gegen die ständige Überflutungsgefahr aufgeschütteten Warft. Reste des neben Feld- und Backstein verwendeten rheinischen Tuffs haben sich im Chor erhalten. Schon in vorchristlicher Zeit sprudelte dort eine kultisch verehrte Quelle, wie man der Steinsetzung unter dem Chorraum entnehmen konnte. Der abseits stehende hölzerne Glockenturm (oder Glockenstapel) wurde nach 1500 errichtet. Durch die einstige Priestertür betritt man den Kirchenraum, zu dessen Schätzen neben dem spätgotischen Altar vor allem Triumphkreuzgruppe (um 1520), Renaissancekanzel (1583) und einige Wandgrabmäler gehören. Das Epitaph Si(e)vertzen (1550) zeigt bereits ein Bildnis des Reformators Martin Luther († 1546). Über dem Taufstein schwebt ein kleiner barocker Taufengel. St. Leonhard, der Namengeber, wurde besonders von den Flandern verehrt, die im Mittelalter ins Land kamen, um den Küstenstrich zu kolonisieren. Mit Friedrichstadt liegt ihre bedeutendste Siedlung ganz in der Nähe.

Deckenmalerei über dem Altarkreuz

St. Laurentius mit Rundturm

Eingang, geschmückt zu einer Taufe

Schleswig-Holsteins älteste Kirchen waren zugleich Wehrbauten – am Turm von St. Laurentius, dessen aus Feldstein gemauerter unterer Teil noch aus dem 12. Jh. datiert, wird der Verteidigungscharakter deutlich. Der seltene Rundturm besaß Schießscharten und war anfänglich nur vom Kirchenschiff aus betretbar. Sein Kegeldach erhielt er in gotischer Zeit. Die einfach ausgestattete Patronatskirche zeigt im Chor prächtige Malereien. An der Ostwand lehnen verwitterte Grabplatten des Ritteradels.

Grabsteine des Ritteradels (16./17. Jh.)

Die barocken Rankenverzierungen des Altars (1506) wurden 1752 ergänzt. Oberhalb der Kreuzigungsszene sind zwei Mariendarstellungen eingefügt

Altarbild „Beweinung Christi"

Chorgestühl (Ausschnitt)

St. Nikolai

Das gotische Türblatt gehört zu den ältesten im Lande

Unter den spätgotischen Backsteinbauten an Schleswig-Holsteins Westküste gilt die Kirche von Kotzenbüll als bedeutendste. Ab 1488 begann man ihren Vorgängerbau zu ersetzen, unterbrach dann aber die Arbeit aus unbekannten Gründen. Es gibt keine Erklärung dafür, warum die später weitergebaute, 1857–1859 neugotisch umgestaltete Kirche derart groß geriet, gemessen an dem winzig gebliebenen Bauerndorf. Das kreuzförmige Gotteshaus besitzt viele Kostbarkeiten: Chorgestühl und Teile des Chorgitters, Lesepult und Triumphkreuzgruppe wurden um 1500 spätgotisch gearbeitet, der Flügelaltar ist nur wenig jünger. Ende des 16. Jh. entstand die reich geschnitzte Kanzel im Eiderstedter Stil.

Gittertür zur Brockdorffschen Gruft

Vermutlich ein italienischer Künstler schuf 1735 das Marmorrelief für den Krusendorfer Kanzelaltar. Dafür spräche die makellose, reife Ausführung dieser in Schleswig-Holstein einmaligen Arbeit und die Tatsache, dass reisende Künstler „bei Hofe" vorsprachen und ihre Dienste anboten – möglicherweise auch beim gräflichen Patron von St. Trinitatis, Joachim v. Brockdorff auf Gut Noer. Dieser hatte den barocken Backsteinbau (1733–1737) in Auftrag gegeben, dessen einschiffiger Innenraum als einziger im Lande von drei Kreuzgratgewölben überdeckt wird. Die Weihe musste wegen eines Zwists um die Sitzordnung verschoben werden. Daraufhin erwirkte der Graf eine Sondererlaubnis und weihte das Gotteshaus ohne die widerstreitende Adelsverwandtschaft ein. In einer Abseite des Turms liegt die prächtige Brockdorffsche Gruft. Hinter einem mit Wappen und Orden verzierten schmiedeeisernen Gitter stehen abgeschlossen zwei kunstvoll gearbeitete Marmorsarkophage. In ihnen sind seit 1763 der Kirchenpatron selbst und seine Gemahlin Friederike Louise Gräfin von Holstein beigesetzt.

Gruft mit den Särgen des Stifterehepaars

Dreifaltigkeitskirche

Altarrelief: Maria unter dem Kreuz

Die ältesten Teile der gotischen Backsteinkirche entstanden um 1250. Den Chor erweiterte man im 14. Jh. durch zwei Seitenschiffe. Der hölzerne Glockenturm geht mindestens auf das 16. Jh. zurück. St. Petri – das Bildnis des Apostels findet sich über dem Portal – ist ungewöhnlich reich ausgestattet. Gotisch sind Altarkruzifix (14. Jh.), Marienleuchter (15. Jh.) und Chorgestühl (15. Jh.). Als ältestes Votivschiffmodell in Deutschland gilt der Dreimaster „Lübecker Adler", den einheimische Schiffer 1617 stifteten. Daneben besitzt die Kirche zahlreiche Stücke aus der Barockzeit (Altar, Kanzel, Taufe, Epitaphe). Sechs Logen des 18. Jh. zeugen vom Repräsentationswillen wohlhabender Bauernfamilien. Kurios wirken die noch in größerer Zahl vorhandenen sog. Betschemel der Bäuerinnen.

St. Petri mit Glockenturm

Strahlenkranzmadonna des Marienleuchters

Ein gotisches Kreuzrippengewölbe überspannt das Kirchenschiff

Votivschiff „Lübecker Adler"

St. Maria-Magdalena

Gruft mit den Särgen des herzoglich-lauenburgischen Herrscherpaares, seiner Kinder, Enkel und Urenkel

Seit 1902 erhebt sich der neugotische Turm der Maria-Magdalenenkirche über dem Fachwerkkern des Elbestädtchens. Ihre Entstehung wird auf ein Gelübde Herzog Albrechts von Sachsen vor der (gegen die Dänen gewonnenen) Schlacht bei Bornhöved (1227) zurückgeführt. Bis zur Höhe der Fenster sind die Außenwände aus Findlingen errichtet; darüber verwendete man große Ziegel im Klosterformat. Nord- und Südportal wurden 1598 aus sächsischem Sandstein gearbeitet. Vom alten Inventar ging manches verloren, nachdem ein rationalistischer Pastor die „mittelalterlichen Schnörkeleyen“ 1827 entfernen ließ. In der Fürstengruft unter dem Chor stehen 18 Zinnsärge der Familie des Herzogs Franz II. von Lauenburg († 1619).

Südportal mit Christusfigur

Marienleuchter (15. Jh.)

Grabplatte des Iven von Reventlow, vermutlich eine Lübecker Arbeit

Kirche Lebrade, ehemals St. Hippolyt

An einer der schönsten Teichanlagen Schleswig-Holsteins liegt zwischen Plön und Selent die barocke Dorfkirche Lebrade. 1699–1700 anstelle eines mittelalterlichen Gotteshauses erbaut, hat sich ihre Erstausstattung weitgehend erhalten, während Schiff und Turm 1873 neuromanisch-neugotisch verändert wurden. Altar, Kanzel und die beiden Gutslogen sind im Akanthusbarock gestaltet, dessen Ornament die gezackten Blätter vermutlich des Bärenklaus nachahmt. Das muldenartige Gewölbe wurde 1758 im Rokokostil ausgemalt. Von hoher Qualität ist die aus Messing gearbeitete Grabplatte des Iven von Reventlow († 1569) an der Nordwand des Kirchenschiffs. Sie zeigt den Adligen in voller Rüstung, zwei trauernde Frauen und seinen Sohn.

Kirchensaal mit Kanzel, Altar und Gutsloge (um 1700)

Taufdeckel

Kirche mit 1834 erneuerter Apsis

Verrat des Judas (Wandmalerei)

Kanzel (Ausschnitt)

Die kleine romanische Saalkirche in der Landschaft Angeln birgt eine der großflächigsten und am besten erhaltenen Renaissancewandmalereien (Ende 16. Jh.) Schleswig-Holsteins. Auf der Nordwand des im 12. Jh. begonnenen Feldsteinbaus ist in zehn großformatigen Feldern die Leidensgeschichte Christi dargestellt. Aus der Erbauungszeit der Kirche stammt die romanische Granittaufe. Die Kanzel (vor 1550) zeigt den behutsamen Übergang von der Spätgotik zur strengeren Renaissance. In barockem Stil wurde das annähernd drei Meter hohe Epitaph Schröder († 1649) mit einer Darstellung des Stifterehepaars gearbeitet. Unmittelbar an die Westwand fügte man 1760 einen hölzernen Glockenturm mit Dachreiter an.

Maria mit dem Kind (Holz, nach 1350)

Wandmalerei an der Nordwand mit romanischem Fenster

Triumphkreuzgruppe, Lettnerschranke und Renaissancekanzel (1568)

Heinrich der Löwe († 1195), Herzog von Sachsen und Bayern, veranlasste 1173 einen romanischen Neubau anstelle des nur ein Jahrzehnt zuvor geweihten hölzernen Doms. Die neue Bischofskirche entsprach dem Grundriss der in Heinrichs Residenz Braunschweig errichteten Kathedrale. Bald nach der Weihe 1247 schufen Steinmetzen aus dem Rheinland vor dem nördlichen Querschiff eine prächtig ausgestaltete Vorhalle, das sog. Paradies (1259). Schon 1266 begann die Erweiterung des Doms mit dem Bau eines gotischen Umgangschores, der sich an nordfranzösischen Vorbildern orientierte. Streitereien zwischen Bischof und Bürgerschaft zögerten die Fertigstellung bis etwa 1335 hinaus. Dem anschließenden Umbau des Langhauses zur heutigen dreischiffigen Hallenkirche folgte 1341 die erneute Weihe des Doms.

Dom zu Lübeck

1942, während des Zweiten Weltkriegs, wurde das Zentrum der alten Hansestadt schwer getroffen. Die Wiederherstellung der an Kunstschätzen immer noch reichen Kirche dauerte Jahrzehnte. Mit Bernt Notke († 1509) und Hans Memling († 1494) trugen zwei herausragende Künstler ihrer Zeit zur Ausstattung bei: Notke schuf 1477 den Lettneraufsatz samt der monumentalen Triumphkreuzgruppe (1477), Memling den Passionsaltar (1491). Auch das Grabmal für den bischöflichen Dombauer Heinrich II. von Bocholt († 1339) und, unter den Grabkapellen, diejenige des Kanzlers v. Lente (1707) verdienen besondere Erwähnung.

Maria Magdalena, Beifigur am Triumphkreuz

Lettneruhr (1628) des Uhrmachers Andreas Polleke und des Tischlers Michael Sommer. Bei jedem Pendelschlag rollen die Augen des Sonnengesichts hin und her

Schöne Madonna von 1509

Altar der Maria-Magdalenen-Bruderschaft der Stecknitzfahrer (um 1422), die Salz von Lüneburg nach Lübeck brachten

Mittelschiff mit restaurierter Gewölbemalerei

St. Marien

Gewissermaßen als Antwort auf den Domneubau Heinrichs des Löwen legte die Lübecker Bürgerschaft um 1200 den Grundstein für eine Hauptpfarrkirche in Form einer romanischen Basilika, die den herzoglichen Dom an Größe übertreffen sollte. Um 1250 änderte man die Planung, um eine gewaltige gotische Hallenkirche entstehen zu lassen. Zehn Jahre später wurde auch dieses Konzept verworfen. Es entstand bis etwa 1280 der heutige Kathedralchor mit Umgang und Kapellenkranz. Zu Recht wird in ihm ein Höhepunkt norddeutscher Backsteinbaukunst gesehen, der beispielgebend für die Kathedralen des Ostseeraumes wurde. Im 14. Jh. kamen die Doppeltürme hinzu; noch einmal wurde das Schiff umgestaltet, wiederum in der Form einer Basilika. Nach dem Bau der Marientidenkapelle (um 1444) blieb die äußere Gestalt St. Mariens bis zu ihrer Zerstörung 1942 nahezu unverändert. Zur geretteten Ausstattung gehören die Bronzetaufe (Hans Apengeter, 1337) und ein ebenfalls bronzenes Sakramentshaus (1479), vor allem aber der prächtige, 1518 in Antwerpen gearbeitete Marienaltar, den ein Lübecker Kaufmann stiftete.

Auf die erste, 1170 erwähnte Petrikirche folgte bis 1240 ein spätromanischer Neubau. Der hanseatischen Bürgerschaft diente die dreischiffige Halle nahe der Trave zeitweilig auch als Verhandlungsort. Um 1300 erhielt die Kirche einen gotischen Chor, dem bis 1330 ein ebensolches Langhaus folgte. Die schon begonnenen Doppeltürme baute man nicht zuende, sondern erhöhte statt dessen den noch vorhandenen romanischen Turm um zwei Geschosse (1427). Durch Zusammenlegung der entlang der Seitenschiffe entstandenen Kapellen bildeten sich im 15./16. Jh. ein viertes und fünftes Kirchenschiff. Diese nicht ganz symmetrische Grundform hat St. Petri trotz der besonders schweren Kriegszerstörungen beibehalten. Bis auf einen geringen ausgelagerten Teil ist die Ausstattung vernichtet. Erst 1959 begann der Wiederaufbau. Heute wird die Kirche auch zu Kulturveranstaltungen genutzt.

Seitenschiff mit Resten gotischer Gewölbemalerei

St. Petri

Wohlhabende Dithmarscher Bauerngeschlechter legten im 16./17. Jh. ein Gräberfeld auf der sturmflutgeschützten Kirchwarft an. Der sog. Geschlechterfriedhof vor der Laurentiuskirche ist mit seinen Grabkellern und Sandsteinstelen der eindrucksvollste Gottesacker an der Westküste. Die Steine sind nicht nur von kunsthistorischem Interesse, sie können auch Auskunft über Status und Schicksal der hier Bestatteten geben. So zeigt die bekannteste Stele den 1537 ermordeten Peter Swyn, der die bis zur Blutrache reichenden Rechte der Bauerngeschlechter infrage zu stellen wagte und darum „erbarmlick to dode ghebrocht" wurde. Mehrmals brannte die aus Feldstein und Tuff errichtete, ursprünglich romanische Kirche ab. Auch aus diesem Grund wirkt die meist aus dem 19. Jh. stammende Ausstattung schlicht. Ein die Reformatoren Luther († 1546) und Melanchthon († 1560) zeigendes Bild entstand 1568. Im Jahr 1784 erhielt St. Laurentius seinen hölzernen Turm.

Grabstele des Peter Swyn (Ausschnitt)

St. Laurentius mit gestützter Stele und Grabkeller auf dem Geschlechterfriedhof

Michaeliskirche

Figurenfries einer Halbsäule, rechts der menschliche Züge tragende Affe

Reventlow-Grabmal

Die erste Lütjenburger Kirche entstand um 1150 im Zuge der Kolonisierung Wagriens. Ihr einschiffiger Nachfolgebau mit einem inzwischen verblendeten Turm erhielt noch vor 1300 seine heutige Gestalt. Bemerkenswert sind die aus einer Halbsäule vor dem Altarraum gehauenen Köpfe. Darunter ist ein Affe, eine Allegorie des Gott nachahmenden, zugleich verführenden Satans, wie ihn auch Schlange, Drache und Löwe darstellen können. Von hoher Qualität ist der spätgotische Schnitzaltar (1467), noch übertroffen vom meisterhaft gestalteten Reventlow-Grabmal, welches in einer von drei erhaltenen Grüften steht. Das aus Sandstein, Marmor und Alabaster 1608 geschaffene Ensemble für Graf Otto v. Reventlow-Wittenberg und seine Ehefrau stammt wohl aus der Lübecker Werkstatt des Flamen Robert Coppens.

Schiff mit Kanzel von 1608, Triumphkreuzgruppe (16. Jh.) und Gutslogen (17./18. Jh.)

Die Bandornamente in der Vierung, dem Schnittpunkt von Lang- und Querhaus, wurden im 19. Jh. angebracht

Johanneskirche

Meldorfs Urkirche entstand im 9. Jh. als erster Missionsstützpunkt in Dithmarschen. Diese vom Bremer Bischofssitz aus betriebene Gründung erhielt ab etwa 1250 einen dreischiffigen Nachfolgebau, dessen Maße sich kaum verändert haben. Der Volksmund erhöhte die stattliche gotische Basilika zum „Dom" – obwohl dort nie ein Bischof seinen Amtssitz nahm. 1882 war die vollständige Restaurierung der verbauten und schadhaft gewordenen Kirche beendet; dabei kamen auch die Reste mittelalterlicher Gewölbemalereien zum Vorschein. 1871 wurde der neugotische Turm errichtet. Das prächtige, Chor und Langhaus voneinander trennende Eichenholzgitter (1603) schuf Hans Peper aus Rendsburg. Der gotische Altar (um 1520), dessen Gemäldeflügel man um 1572 ergänzte, soll aus einer Hamburger Werkstatt stammen.

Deckenmalerei mit Heiligenlegende (gotisch, um 1300)

Altar (Ausschnitt): Kreuztragung

St. Nikolai

Mitten in der Altstadt, dem gotischen Rathaus gegenüber, steht die kleine, doch stattliche Nikolaikirche. Das als spätromanische Backsteinbasilika um 1200–1250 errichtete Gotteshaus zeigt nur noch an seiner Nordseite den ursprünglichen Zustand. Die Südseite dagegen wurde 1471 um ein Seitenschiff im Stil der Gotik erweitert; Taufkapelle und Sakristei schlossen 1497 daran an. Seine Lage an Salzstraße und Stecknitzkanal führte Mölln zur wirtschaftlichen Blüte, die sich auch im Kirchenraum entfalten konnte. Triumphkreuz (1507), Bronzetaufe (1509) Altar (1739), Kanzel (1742), Orgel (1771) und Gestühl spiegeln bürgerliche Prosperität. Um 1250 entstanden bereits die auch im Landesmaßstab bedeutenden Fresken. Vor der Kirche lehnt der Grabstein des Narren Till Eulenspiegel († 1550).

Triumphkreuz nach vermutlich süddeutschem Vorbild

Kanzelkorb von 1742 mit dem Wappen des Stifters

Engelskopf (1869) auf spätgotischem Taufdeckel

Tympanonrelief über dem Süderportal

Süderportal (um 1200)

Granitquaderkirchen gehören zu den unverwechselbaren Merkmalen der Landschaft Angeln, die sich zwischen der Schlei im Süden und der Flensburger Förde ausbreitet. St. Laurentius in Munkbrarup gilt als besonders schönes Beispiel. Seine Gründung, vermutlich noch vor 1200, geht auf Mönche (Mönch = Munk) eines später zugunsten des Glücksburger Schlosses abgebrochenen Zisterzienserklosters zurück. Das schlichte, einschiffige Gotteshaus besitzt zwei herausragende Zeugnisse romanischer Baukunst. Im Türbogenfeld (sog. Tympanon) des Süderportals erscheinen der segnende, zugleich richtende Christus mit den Aposteln Petrus und Paulus; im Bogenscheitel ringt der alttestamentliche Held Simson einen Löwen nieder (Richter 14, 5–6). Auch die Granittaufe unter dem nach einem Brand 1582 eingezogenen Renaissancegewölbe verwendet in drastischer Weise das Motiv des Löwenkampfes, umgesetzt etwa nach dem einem Brief des Petrus an junge kleinasiatische Christengemeinden: "Euer Widersacher, der Teufel, geht umher wie ein brüllender Löwe und sucht, welchen er verschlinge" (1. Petrus, 5, 8).

St. Laurentius mit gotischem Backsteinturm

Taufstein (um 1200)

Trinitatiskirche mit 1765 aufgesetztem Dachreiter

Altar (Tönnies Heidtmann, 1656) und Taufengel von 1787

Empore mit der 1759 von Johann Mathias Schreiber gebauten Orgel

Neben dem Abriss wegen Baufälligkeit, nach Sturmflut oder Blitzschlag gibt es in der Geschichte alter schleswig-holsteinischer Kirchen zwei weitere Gründe, die ihr Äußeres grundlegend verändern konnten: den Wechsel der Stilrichtung (etwa von der Romanik zur Gotik oder bei der Barockisierung mittelalterlicher Kirchen) und den Krieg. Die spätgotische Backsteinkirche (1504) des Elbmarschendorfes wurde während des Dreißigjährigen Krieges 1627 von kaiserlich-katholischen Truppen gebrandschatzt und ohne Turm wieder aufgebaut. Das gotische Nordportal hat alle Veränderungen des 17./18. Jh. überstanden. Bis auf die von Logen flankierte Rokokoorgel (1759) dominiert im teils gewölbten Kirchensaal ländliches Barock.

Gemauertes Portal

Grabsteinrelief (18. Jh.) auf dem alten Friedhof

St. Johannis

Die romanische Feldsteinkirche findet sich bereits im Verzeichnis der „nova ecclesia" (1215) als Besitz des Bistums Lübeck. Demnach entstand der Bau im ausgehenden 12. Jh., wohl noch zu Zeiten Heinrichs des Löwen. Chor und Apsis wurden 1621 abgebrochen und neu erbaut. Erhalten blieb der wuchtige Rundturm, den heute ein Kegelhelm abschließt. Bei einer Restaurierung 1958 wurde die Apsis rekonstruiert: So entspricht der klare Raumeindruck wieder dem einer Saalkirche zur Zeit der Kolonisierung und Christianisierung Wagriens unter Vicelin. Die Ausstattung enthält Zeugnisse fast aller Kunstepochen seit der Romanik. Am ältesten sind Taufe (12./13. Jh.) und Triumpfkreuz (14. Jh.); die Kanzel (1626) zeigt Renaissanceeinfluss. Auf dem alten, teils naturbelassenen Friedhof stehen einige klassizistische Grabsteine.

Renaissanceempore mit Orgel (1726); eine Holzbalkendecke schließt den Kirchenraum ab

Chor mit romanischer Taufe und Altarkreuz (13. Jh.); rechts die Kanzel von 1617

Kreuzgruppe (um 1510)

Mit dem Bau der frühgotischen Backsteinkirche – einer Gründung der Schauenburger – wurde um 1240 begonnen, als nach der Schlacht von Bornhöved (1227) das Land befriedet war und die heidnischen Stämme dieser Region teils christianisiert werden konnten. Der Turm ist seit der Kirchenweihe um 1245 in seiner Gestalt unverändert geblieben. Um 1500 wurde der zunächst einschiffige, bis auf den Chor flach gedeckte Bau nach Süden hin zur heutigen Größe erweitert. Die ausdrucksstarken, gut erhaltenen Wand- und Gewölbemalereien des Altarraumes entstanden zwischen 1240 und 1350.

St. Antonius

Wandmalerei im Chor

Terrakottafries

Neumünsters zweite Hauptkirche – Anschar ist plattdeutsch für Ansgar – entstand 1910–1913 nach einem Entwurf des Reformarchitekten Hans Roß († 1922). Der einschiffige Backsteinbau besitzt einen künstlerisch eigenständigen Ausdruck, der Elemente des Jugendstils und der Heimatschutzbewegung miteinander verbindet. Nach der Zerstörung im Zweiten Weltkrieg konnte 1948 zunächst die Anscharkapelle, 1951 dann die vereinfachend wiederhergestellte Kirche neu geweiht werden. Dach und Turmhaube wurden abgeflacht und das Innere um den Offenbarungsaltar (1951) Otto Flaths vollständig erneuert. Seit 1997 besitzt die Gemeinde eine von Manfred Sihle-Wissel gegossene Bronzeplastik, die „Ansgar, den Apostel des Nordens" zeigt. In Schleswig-Holstein einmalig ist der das gesamte Gebäude umlaufende Terrakottafries des Berliner Bildhauers Hermann Feuerhahn († 1955); bemerkenswert auch das im Entstehungsjahr der Kirche gearbeitete schmiedeeiserne Gittertor zur Vorhalle. Einige Grabsteine des Alten Friedhofs haben ihren Platz an der Südseite der Kirche gefunden.

Bleiglasfenster (Käte Lassen, 1948) in der Anscharkapelle

Terrakotta-Steinfries am Kircheneingang

Kirchentor von 1913

Anscharkirche (1913/1951)

Vicelinkirche

Alabasterrelief „Jesus segnet die Kinder" (Bertel Thorwaldsen, um 1837)

Edle Schlichtheit kennzeichnet viele klassizistische Kirchen

Die Vorgängerin der heutigen Kirche geht auf Vicelin zurück, der 1127 für die ihm vom Bremer Erzbischof anvertraute Wendenmission ein Augustinerstift gründete. 1811 musste das baufällig gewordene, nach dem Apostel Bartholomäus benannte Gebäude abgetragen werden. Am selben Platz entstand an einer Flussschleife der Schwale die jetzige Vicelinkirche (1828–1834) – aus gelbem Backstein nach den Plänen des königlich-dänischen Baumeisters Christian Friedrich Hansen († 1845) errichtet. Über dem Haupteingang empfängt Bertel Thorwaldsens Relief „Jesus segnet die Kinder" die Eintretenden. Der zeitgleich mit der Husumer Marktkirche entstandene, im Innern kassettengedeckte Saalbau gilt als ein Hauptwerk des nordischen Klassizismus. Kunstschätze aus dem Vorgängerbau werden in der Turmkapelle gezeigt.

Altar (Zacharias Hübener, 1643)

Wandmalereien im Mittelschiff

Neustadt, früher Neuencrempe, verdankt seine Entstehung dem Umstand, dass der Ort günstiger zur See gelegen war als das nur Jahrzehnte zuvor angelegte Altenkrempe. 1244 ließ Graf Gerhard von Schauenburg den Ort gründen, mit lübischem Stadtrecht versehen und – beginnend mit dem Chor – eine Kirche errichten, die vor 1300 vollendet wurde. Der gedrungen wirkende gotische Backsteinbau ist im Grundriss nahezu quadratisch. Der im 19. Jh. erneuerte Turm entstand ab 1334, als auch das dreischiffige Langhaus sein heutiges Aussehen erhielt. Ihren Altar (1643), ein Werk zwischen Renaissance und Barock, erhielt die ursprünglich dem hl. Franziskus, dann der Maria geweihte Kirche 1668 aus dem Schleswiger Dom, als dort der aus Bordesholm kommende Brüggemann-Altar aufgestellt wurde.

Stadtkirche mit Turmhelm von 1846

Altarmittelschrein mit Marienkrönung, Aposteln, Johannes d. T. und Papst Silvester I. († 335)

Romanische Taufe mit Löwenkampfmotiv

Seit Jahrhunderten werden die Toten der Nordseeinsel auf der großen Warft um St. Johannis (vor 1200 begonnen) bestattet. Über 260 kunstvoll bearbeitete Grabplatten und Grabsteine ab dem 17. Jh. sind erhalten geblieben. Mit dem um 1700 einsetzenden Walfang wuchs der Wohlstand der Kapitäne, Fischer und Müller – und das Bestreben, dies auch über den Tod hinaus zu zeigen. Grabinschriften und die an maritimer Symbolik (z.B. abgetakelte Schiffe) reichen Stelen meißelten heimische Steinmetzen in importierte Sandsteinplatten. Vorherrschend sind reliefierte Schriften und Motive – eine besonders schwierige und kostspielige Kunst, da Fehler nicht zu korrigieren waren. Die in romanischem Stil begonnene und gotisch (wie auch der Turm) fortgeführte Johanniskirche ist das größte Gotteshaus der Insel („Friesendom"). Zu den Kunstschätzen zählt der granitene Taufstein (um 1200) mit einer kraftvollen Darstellung zweier Löwenkämpfe (siehe auch Munkbrarup). Von hoher Qualität sind auch die große Renaissancekanzel Heinrich Ringeringks (1618), deren ausdrucksstarke Reliefs Motive der biblischen Heilsgeschichte darstellen, und der um 1480 wohl auf Föhr gearbeitete gotische Flügelaltar.

St. Johannis d. T. Die Kirchen an der schleswig-holsteinischen Westküste waren Zufluchtsorte nicht nur in geistlichen Nöten: Auch bei Überfällen durch Seeräuber, in Kriegszeiten und bei Naturkatastrophen suchte man Schutz hinter den mächtigen Mauern

Alter Kirchhof. Im Vordergrund der Grabstein der 1782 im Alter von 39 Jahren gestorbenen Sissel Siemens, verheiratet mit dem „Commandeur" Siemen Tückis aus dem Nachbardorf Wrixum

Kirche mit Dachreiter und Glockenturm

Säulenfuß des Süderportals

Jahreszahlen in der Friedhofsmauer

Abseits der Norderbraruper Dorfkirche steht unter den Linden des Friedhofs der älteste Glockenturm Angelns (um 1300). Auch dem Gotteshaus ist seine lange Geschichte anzusehen. Vermutlich waren es Handwerker der Schleswiger Domhütte, die den einschiffigen spätromanischen Granitquaderbau um das Jahr 1200 ausführten. Der gotische Backsteinchor ist nach 1250 entstanden. Vor allem das Süderportal, heute der Eingang zur Kirche, zählt zu den interessantesten seiner Art: Im Tympanon aus rötlichem Granit sind Christus und die Apostel Petrus (mit einem Schlüssel dargestellt nach Matthäus 16, 19) und Paulus zu sehen; besiegte Dämonen winden sich an den Säulenfüßen. Zur Ausstattung des unter einer Balkendecke liegenden Raumes gehören die Bronzetaufe Peter Hansens (Flensburg 1486) und der spätgotische Schnitzalter (um 1500). Die Kanzel von 1705 repräsentiert den Akanthusbarock.

Tympanon über dem Südportal

Passionsfolge; in der Bildmitte das gotische Eichenkruzifix, rechts der Schalldeckel der Kanzel

Die romanische Feldsteinkirche entstand um die Wende vom 12. zum 13. Jahrhundert. Chor und Apsis haben die Zeiten nahezu unverändert überdauert, während der Turm 1897 an das im selben Jahr verlängerte Langhaus angebaut wurde. Wie die Kirche in Hürup besitzt auch Nordhackstedt in der über dem Chorbogen angebrachten Passionsfolge (1285) ihren bedeutendsten Schmuck. Zwei der acht Holzreliefs mit Szenen der Leidensgeschichte tragen noch eine barocke Bemalung, die die verloren gegangene mittelalterliche Farbgebung ersetzt hat. Zur selben Zeit entstand auch das Kruzifix wohl von der Hand eines Hüruper Meisters. Reste gotischer Wandbilder legte man im Chorbogen frei. Die barocke Kanzel (1703) schufen Künstler der nordfriesischen Langenhorner Schnitzschule.

Eva, von der Schlange zum Ungehorsam verführt (Wandmalerei im Chorbogen)

Kirche Nordhackstedt

„Christus vor Pilatus" (Relief der Passionsfolge)

Innenraum mit ehem. Altaraufsatz (1736) und Gewölbemalereien

Oeversee liegt am alten Heer- und Ochsenweg, der zugleich Pilger nach Süden führte. Sein im 12. Jh. aus Feldstein errichtetes Gotteshaus entstand als romanische Wehrkirche mit verstärktem Rundturm, wie ihn auch die Kirchen in Kosel und Süderstapel besitzen. Die besondere Schutzfunktion unterstreichen Schießscharten im Turm und die kleinen, hoch liegenden Fenster des Kirchenschiffs. Bis auf das Triumpfkreuz (16. Jh.) ist die Ausstattung barock. Die Malereien im 1497 eingezogenen gotischen Gewölbe wurden erst 1965 wieder entdeckt. Darunter finden sich Darstellungen aus vorreformatorischer Zeit etwa eine Mondsichelmadonna. – Nördlich des Dorfes an der Bundesstraße 76 erinnern Gräber und Gedenkstätten an die blutigen Gefechte (1848, 1864) während deutsch-dänischen Auseinandersetzungen um Schleswig-Holstein.

Den Rundturm der Kirche bekrönt eine barocke Haube

Mondsichelmadonna im Chor

Kopfbild eines Orientalen (?), um eine Säulenlüftungsöffnung herum gemalt

Sonnenuhr von 1701

Orgelrückpositiv

Darstellung des Christophorus

St. Pankratius

Gemäldeflügelaltar im Chorraum

Zu Füßen des Gekreuzigten: Eiderstedter Familie in Tracht (Epitaph)

Über einer Warft erhebt sich St. Pankratius, die größte Dorfkirche der Halbinsel Eiderstedt. Sie entstand als spätromanischer Tuff-Backstein-Bau, der 1863 in Anlehnung an das historische Vorbild erneuert wurde. Den Altar, 1592 wohl von Marten van Achten gestaltet, stiftete der in Oldenswort als Staller (oberster Verwaltungsbeamter der Landesherrschaft) residierende Caspar Hoyer. St. Pankratius wurde vor 1250 als Hauptkirche gegründet, um die herum sich später sog. Filialkirchen gruppierten. Nach Einführung der Reformation stellte man hier 1564 den ersten Taufstein auf. Der Chorraum jenseits des Triumphkreuzes (Lütje Möller, 1491) wurde mit gotischen Fresken ausgemalt; an der Nordwand des Kirchenschiffes ist der legendenhafte Christusträger Christophorus dargestellt. Zu den besonderen Kostbarkeiten zählt das Rückpositiv der Orgel (1592), welches nach dem Verlust des Hauptwerks seinen Platz in der reich beschnitzten und bemalten Emporenbrüstung fand. Die Kanzel (nach 1570) und das Chorgestühl der Familie Ivers (1589) sind aufwändig gearbeitete Zeugnisse der Renaissance.

Chor mit Triumphkreuzgruppe, Altar und Abendmahlsbänken

Trotz mancher Umbauten blieb die romanische Grundform der Osterhever Kirche deutlich erkennbar. Sie wurde als einschiffiger Backsteinbau im frühen 13. Jh. auf einer Warft errichtet, die bis heute Friedhof ist und Zufluchtsort bei Sturmfluten und Unruhen war. Sehenswert sind der Schnitzaltar (um 1520) auf einem gemauerten romanischen Altarblock, daneben die für Eiderstedt typischen Abendmahlsbänke (1753), und die spätgotische Triumphkreuzgruppe am Chorbogen. St. Martin gehört zu den von Oldenswort aus gegründeten sog. Filialkirchen.

St. Martin mit Dachreiter von 1908

Grabstein des 1583 verstorbenen Jacob Ulves, bewaffneter Fahnenträger neben seiner schwangeren Frau

Arp-Schnitger-Orgel (Rückpositiv) an der 1711 eingebauten Westempore

Auf einer Warft an der Westseite steht, vom Deich geschützt, Pellworms Alte Kirche (für die sog. Neue Kirche wählte man die sicherere Inselmitte). Das einschiffige Langhaus samt Chor und Apsis entstand Ende des 12. Jh. als romanischer Bau aus Sandsteinquadern, Tuff und Backstein. Noch als Ruine beeindruckend ist der Westturm (um 1300), der bis zu seinem Einsturz 1611 fast doppelt so hoch war. In der Apsis des Chores zeigt der wertvolle spätgotische Altar (um 1470) geschnitzte Passionsszenen sowie beidseitig bemalte Flügel. Im Altarraum steht auch die in der Bremer Werkstatt des Hinrick Klinghe 1475 gegossene Bronzetaufe. Mit der Orgel (1711) Arp Schnitgers besitzt St. Salvator (lat. Erlöser = Christus) eine weitere Kostbarkeit, zumal viele seiner etwa 30 noch erhaltenen Instrumente stark verändert wurden.

Renaissancekanzel von 1600

St. Salvator

Chorraum mit Altar und gotischer Taufe

Mittelschrein des Altars

Spätgotischer Kruzifix

St. Johannis entstand um 1250 als zweischiffige gotische Backsteinkirche. Chor, Kreuzrippengewölbe und die Erweiterung des Langhauses gaben dem Bau noch vor 1500 die Gestalt einer dreischiffigen Halle. Der Turm wurde im 16. Jh. ergänzt. Wertvollster Besitz ist der gotische Schnitzaltar (Ende 14. Jh.), dessen Qualität dem berühmteren Hamburger Bertram-Altar (1383, Kunsthalle) wenig nachsteht und der wie dieser zu den besten Arbeiten im Bereich der Hanse zählt. Er zeigt unter Baldachinen Maria mit dem Kinde, umgeben von den Zwölf Aposteln und weiblichen Heiligen. Bedeutend ist auch das in Schleswig-Holstein einzig erhaltene, turmartige Sakramentshaus (15. Jh.) zur Verwahrung der Hostien. Aufwändig geschnitzte Epitaphe (17./18. Jh.) spiegeln das Repräsentationsbedürfnis wohlhabender Familien.

Johanniskirche

Sakramentshaus mit Bischofsfigur (Ausschnitt)

Bronzetaufe, von Evangelistengestalten getragen

Von anderen, allesamt reich ausgestatteten Eiderstedter Kirchen unterscheidet sich der romanisch begonnene und dem Apostel Johannes geweihte Backsteinbau durch die Reste seines wertvollen Gemeindegestühls. Die noch erhaltenen, friesisch-blau gestrichenen Türen und Wangen entstanden zwischen 1598 und 1650 und wurden in das neue Gestühl der im 19. Jh. stark veränderten Kirche übernommen. Vor den gekalkten Wänden kommen die farbenfrohe Eiderstedter Kanzel (1579) und der Gemäldeflügelaltar Marten van Achtens (1601) gebührend zur Geltung. Melchior Lucas Brant aus Husum goß die an Figuren und Symbolen reiche Bronzetaufe (1590).

Altes Gemeindegestühl

St. Johannis mit Dachreiter von 1894

Gestühl des Nonnenchors (Bemalung 17. Jh.)

Stiftskirche mit Dachreiter von 1783

Chorgitter (Ausschnitt)

Gewichte des Uhrwerks

Die erste Stiftskirche des in der Reformation zum adligen Damenstift umgewandelten Benediktinerinnenklosters (gegr. 1211) wurde ab 1261 begonnen. Die heutige dreischiffige gotische Basilika entstand etwa 1325–1340, wobei das mächtige Krüppelwalmdach früher vorhandene Einzeldächer über den Schiffen ersetzt hat. Bei der neugotischen Restaurierung im 19. Jh. blieb der ursprüngliche Charakter des rippengewölbten Innenraums gewahrt. Zu dessen reichhaltigem Inventar gehört das gotische Gestühl (14. Jh.) im sog. Nonnenchor, wo auch der älteste (nach 1500) von mehreren Altären in Kirchenbesitz steht. Das 1738 von Max Dahl geschmiedete Chorgitter gehört zu prächtigsten seiner Art im Land.

Friedhof des 1542 gegründeten adligen Damenstifts

Als Ableger der Segeberger Klosterkirche St. Marien entstand das Gotteshaus in Pronstorf um 1200 als spätromanischer Feldsteinbau mit starkem Rundturm – vermutlich als Wehrkirche an der Grenze zu den noch nicht missionierten Gebieten Wagriens, wie der historische Name des ostholsteinischen Landesteils lautet. Der im späten Mittelalter verlängerte Chor besitzt gotische Kreuzrippengewölbe, während der einschiffige Kirchenraum unter einer flachen Balkendecke liegt. Die in den Deckenfeldern zu sehenden Darstellungen alt- und neutestamentlicher Ereignisse tragen eine skizzenhafte, ländlich-grobe Handschrift, betonen dadurch aber den Reiz dieser zurückhaltend ausgestatteten Patronatskirche. Rokokokanzel, Altar, Taufengel und die beiden Logen des Chores sind Arbeiten des 18. Jahrhunderts. Nur die Kalksteintaufe (Gotland, nach 1250) als ältestes Ausstattungsstück führt noch zu den Anfängen dieser Kirchengründung.

Mischbauweise Feldstein-Ziegelstein

Deckenbild „Die Stillung des Sturms“

Kirche mit Rundturm, aus statischen Gründen gestützt

Stiftertafel an der Kanzel

Altar (1767) mit Steintaufe (13. Jh.) und Taufengel (1751)

Der französisch inspirierte Chorhimmel C. E. Brennos überwölbt den Prunkaltar des Gottorfer Hofbildhauers Th. Allers

Zur östlich der Kieler Förde gelegenen Landschaft Probstei (früher im Besitz des Klosters Preetz) gehört auch der kleine Ort Probsteierhagen, deren Feldsteinkirche um 1250 gotisch erbaut wurde. Ihr Chorgewölbe überzog Carlo Enrico Brenno um 1720 mit Stuckaturen und barocker Farbigkeit. Hinter dem meisterhaft gestalteten Gitter Max Dahls (1722) ragt der 1697 von Theodor Allers gestaltete Hochaltar auf. Sein Stifter war der adlige Patron Wulf v. Blome († 1735) auf Gut Hagen, der auch als Propst dem Preetzer Damenstift vorstand. 1787 erweiterte Johann Adam Richter die Kirche nach Süden und ließ auch den Glockenturm aufsetzen.

St. Katharinen

Altargitter mit Stifterwappen

Patronatsloge (1740); Gemeindegestühl mit gotischer Bankwange (rechts)

Spätbarocke Altar-Orgelgruppe mit Gemälde „Christus am Ölberg"

Westlich Kappelns steht das im Kern romanische Gotteshaus von Rabenkirchen, dessen älteste Bauphase ins 12. Jh. zurückreicht. Chor und Turm (nach Blitzschlag 1733 verkürzt) sind dagegen von der Gotik geprägt. Die Veränderungen, vor allem 1892–1912, nahmen der Feldsteinkirche manches Ursprüngliche, nicht aber ihre ländliche Atmosphäre. Das Gemeindegestühl zeigt noch einzelne Wangen aus gotischer Zeit, der auch das Triumphkreuz angehört. Die Renaissancekanzel (1637) kam aus der Husumer Werkstatt Berend Cornelissens. Seit 1791 bilden Altar und Orgel (1697) eine selten gesehene Einheit.

Marienkirche

Aposteldarstellung in der Turmhalle (17. Jh.)

Ratzeburger Dom

Über 850 Jahre besteht das Bistum Ratzeburg, nur um wenige Jahrzehnte jünger ist sein Dom, ein Hauptwerk norddeutscher Backsteinbaukunst. Wie in Braunschweig und Lübeck trat Heinrich der Löwe als Stifter und Förderer auf. Ab etwa 1170 entstand auf der Insel im Ratzeburger See eine ursprünglich romanische Pfeilerbasilika – Apsis, Chor, Querhaus, Langhaus, schließlich die Turmfassade. Um 1220 war der Bau, dem bald ein Domkloster angeschlossen wurde, vollendet. Zum hervorragenden Gesamteindruck der Anlage kommt eine Fülle von Kirchenschätzen. Im Chorraum steht der sog. Kreuzaltar, den der Lübecker Hinrich van dem Krog 1481–1487 mit Christus- und Heiligendarstellungen ausmalte. Das figurenreiche Sandsteinrelief (um 1430) im Mittelschrein zeigt das Passionsgeschehen bis zur Auferstehung. Beinahe triumphal wirkt daneben der sich allmählich vom Renaissancestil lösende Hochaltar (1629), für den Gebhard Jürgen Tietge († nach 1663) Sandstein, Alabaster und Marmor verarbeitete. Unter den Epitaphen, die Tietge in Rat-

Gotische Malerei (14. Jh., Kreuzgang)

Kreuzgang im angrenzenden Domkloster

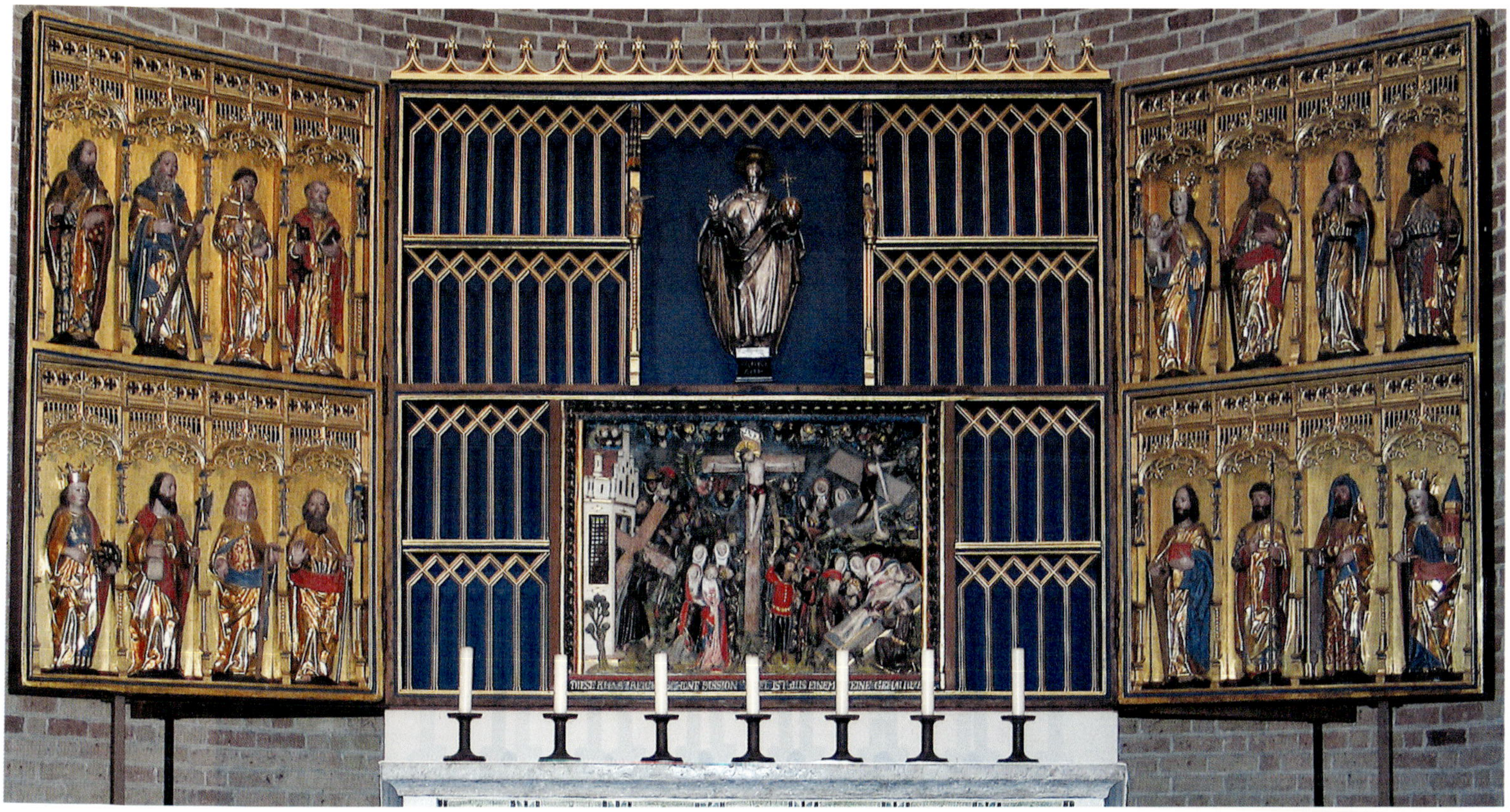

Kreuzaltar mit Sandsteinrelief im Mittelschrein

Kreuzaltar mit Bildern Hinrich van dem Krogs; unten links das Martyrium des Abtes Ansvorus († 1066) nahe Ratzeburg

zeburg schuf, ist auch dasjenige für Herzog August von Sachsen-Lauenburg und dessen Ehefrau (1649). Auch die im Knorpelbarock ausgeführte Emporenloge der sachsen-lauenburgischen Herzöge soll aus seiner Werkstatt sein. Die Triumphkreuzgruppe (um 1260) zwischen Chor und Mittelschiff zeigt Maria und Johannes als hochwertige spätromanische Nebenfiguren, dagegen wurde die Gestalt des Gekreuzigten im 17. Jh. stark überarbeitet. Ebenso sind Teile des Chorgestühls noch romanischen Ursprungs (um 1200). Unter dem Schnittpunkt von Langschiff und Querschiff (Vierung) liegt die sog. Lauenburger Gruft, wo sich Mitglieder des Herzogshauses bestattet ließen.

„Der Bettler", Plastik von Ernst Barlach im Domklosterhof

Rellingen gehörte zu den Urkirchspielen Schleswig-Holsteins, denen bei der Missionierung Nordelbiens eine Pionieraufgabe zufiel. Folgedessen hatte die heutige spätbarocke Kirche eine mittelalterliche Vorgängerin. Nach ihrem Abriss entstand der bedeutendste protestantische Backsteinbau nördlich Hamburgs, den Cai Dose 1754–1756 in achteckiger Form errichtete. Dabei übernahm der Baumeister den mittelalterlichen Rundturm mit seinem leicht geneigten und gedrehten Helm. Ein Teil des Lichts für den 2000 Menschen fassenden Predigtraum fällt über die von Fenstern durchbrochene Laterne auf dem Mansarddach ein. Kanzelaltar, Orgel und Taufe im Osten des von zwei Emporenrängen umlaufenen Kirchenraumes bilden eine stilistische Einheit (Barock/Rokoko). Die prächtigen Stuckaturen und Malereien (teils rekonstruiert) schufen die Italiener Carlo Donato und Francesco Martini während der Bauzeit.

Kirche Rellingen

Francesco Martinis ausgemalte Lichtkuppel nimmt den achteckigen Grundriss des Gebäudes auf

Kanzelaltar-Orgel-Komplex

Wandgrabmal Andreas v. Fuchs

Schnittger-Orgel

Christkirche mit Laternenaufsatz

Bei der Erweiterung der Festungsanlagen 1690 bis 1695 entstand auf dem Eidersüdufer eine strahlenförmig angelegte Barockstadt, das sog. Neuwerk. Am zentralen Paradeplatz begann 1695 der Baumeister Diederick van Vijthusen nach einem Entwurf Hans van Steenwinkels mit dem Bau einer Garnisonkirche. Das Backsteingebäude über dem Grundriss eines gleichseitigen Kreuzes vollendete 1700 der Italiener Domenico Pelli. Eine Holztonne überwölbt den farblich zurückhaltenden, vollständig von einer Empore umschlossenen Innenraum. Einheitlich barock ist das Inventar: Kanzel (1696), Taufe (1700), Logen (nach 1700) und die Orgel Arp Schnitgers (1716). Aus der Glückstädter Kirche kam der Altar (1663) hinzu. Auch dem Repräsentationsbedürfnis wurde Genüge getan, wie die Königsloge Friedrichs IV. († 1730) und das Epitaph des Stadtkommandanten v. Fuchs († 1720) zeigen.

Altarraum mit zweistöckiger, wappengeschmückter Königsloge

Marienkirche

Glockenkran an der Turmfassade

Bronzetaufe

Opferstock von 1688

Innenraum mit spätgotischer Ausmalung

Als der Stadtbrand von 1286 auch die Vorgängerkirche vernichtet hatte, begann man am höchsten Punkt Rendsburgs – auf einer Eiderinsel, von der aus die Besiedlung ihren Anfang nahm – mit dem Bau eines neuen Gotteshauses. Um 1335 überragte St. Marien als dreischiffige Backsteinhalle erneut die schon zur Residenz der Schauenburger Grafen aufgestiegene Stadt. Nur wenig höher als das Kirchenschiff ist der Turm, wie die beiden ihn flankierenden Kapellen im 15. Jh. entstanden. Schiff und Turm wurden nach 1850 neugotisch restauriert. Kunsthistorisch wertvollstes Einzelstück sind der 1649 von Henning Claußen (Neuenkirchen/Dithmarschen) gefertigte große Altar. Auch die 1597 von dem einheimischen Bildschnitzer Hans Peper geschaffene Kanzel (1621, später umgebaut) und der von drei Knappen getragene Taufkessel (um 1350) gehören zu den Preziosen dieser in seltener Einheitlichkeit erhaltenen gotischen Kirche. In großer Zahl vorhanden sind oft reich gestaltete Epitaphe – lebhafte Zeugnisse des Stilwechsels von der Renaissance zum Barock und ebenso des Wohlstands und Geltungsdrangs von Adel und dem ihm nacheifernden Bürgertum. Die Kreuzgruppe (um 1520) in der Nordkapelle stand einmal auf dem Triumphbalken über dem längst abgetragenen Lettner. Alle figürlichen Malereien in den Gewölben, darunter ein Christophorus („Christusträger"), stammen noch aus der Erbauungszeit der Marienkirche. Fast kurios wirken heute beiden am inneren Eingang stehenden stelenartigen Kollektenkästen (1688). Die Kirche umgibt ein zu Beginn des 19. Jh. aufgelassener alter Friedhof mit schön gearbeiteten klassizistischen Sandsteingrabsteinen.

Die bei der Restaurierung der Riesebyer Kirche (Halbinsel Schwansen) entdeckten Gewölbemalereien wurden wieder übertüncht und nach deren Vorbild durch die jetzigen ersetzt. Nur geringe Reste mittelalterlicher Bemalung sind noch erkennbar. Dennoch hat die Erneuerung von 1913 den Charakter des einschiffigen spätromanischen Backsteinbaus (1220–1230) bewahrt, teils wieder hergestellt. Der äußere Bauschmuck ist – wie an Chor und Apsis als den ältesten Teilen abzulesen – vom Ratzeburger Dom beeinflusst. Bis 1702 blieb das Gotteshaus turmlos. Im Spätmittelalter wurde der zuvor flach gedeckte Innenraum mit Kreuzrippengewölben versehen. Die romanische Granittaufe ist älter als der Kirchbau selbst, dessen am Chorbogen hängende Triumphkreuzgruppe (vor 1300) zu den wertvollsten Schätzen zählt. Ihre größte Kostbarkeit aber besitzt St. Petri in einem sog. Antependium (nach 1300), der aus Eichenholz geschnitzten Verkleidung des Altartisches, auf dem der barocke Altar von 1669 steht. Dieses landesweit älteste Kleinod seiner Art zeigt unter Arkaden in zwölf Nischen die verblassenden Darstellungen der Zwölf Apostel. Die Mitte bildet eine Mandorla (spitzovaler Heiligenschein) mit Christus als majestätischem Weltenrichter.

Antependium (Detail)

Petrikirche mit hölzernem Turm

Triumphkreuzgruppe (gotisch, 14. Jh.)

Altar mit tragenden Apostelfiguren und Antependium

Gesamtkunstwerk Altar-Kanzel-Orgel. Erst auf den zweiten Blick ist der Faltenwurf über der Orgel als dekorative Bemalung der Holztonnendecke zu erkennen

Kreuzigungsrelief, wohl von einem Segelschiff

Hölzerner Glockenturm an der Kirche

Als das Dorf Elredevlet wegen der Überschwemmungsgefahr in der Elbmündung im 15. Jh. aufgegeben werden musste, gründete man am neuen Ort St. Margarethen auch eine neue Kirche. Diese wurde 1784 abgebrochen und durch den heutigen spätbarocken Backsteinbau ersetzt. Der unter einem Holztonnengewölbe liegende Saal zeigt unverändert sein ursprüngliches Mobiliar. Dominant ist der Kanzelaltar und der darüber errichtete Orgelprospekt, beide aus der Wewelsflether Werkstatt Hans Holtmeyers. Auf der umlaufenden Empore sind zwei Logen abgetrennt. Dass auch Schiffszimmerleute und -maler am Bau der Kirche mitgewirkt haben, ist an vielen, durchaus nicht groben Details zu erkennen. Die Sandsteinstelen (17./18. Jh.) auf dem angrenzenden Friedhof veranschaulichen den Wandel der Begräbniskultur.

Vor der Renovierung 1966/67 bot die Kirche Platz für 1060 Menschen

St. Peter mit 1863 verlängertem Langhaus und Glockenturm (1999)

Auf der früheren Insel Utholm – heute die westlichste Landschaft Eiderstedts – entstand im 12. Jh ein erstes, dem Petrus geweihtes Gotteshaus. Wie andernorts, wich der hölzerne Gründungsbau um 1220 einer solideren, romanischen Backsteinkirche, die bis in die Zeit nach dem Zweiten Weltkrieg erweitert und verändert wurde. Den Namen des Kirchenheiligen (Petrus = Peter) übertrug man bald auf den gesamten Ort. Der hölzerne Klockstapel (Glockenturm) an der Westseite ist der junge Nachfolger eines 1861 abgerissenen Turms. Ihr einheitliches äußeres Erscheinungsbild verdankt die Kirche dem 1951 abgeschlossenen Umbau im Stil der Romanik. 1999 wurde auch das Innere neu gestaltet. Dabei kam die spätgotische Triumphkreuzgruppe wieder an ihren traditionellen Platz am Chorbogen. Triumphkreuz und Flügelaltar sind zugleich die bedeutendsten Kunstschätze St. Peters – beide wurden wohl um 1500 in Husumer Werkstätten gearbeitet. Neben der Renaissancekanzel (um 1570) hängt eine alte Sanduhr. Sie sollte die Predigtdauer begrenzen, um der „verdrüsslichen Unachtsamkeit der Gemeinde zu wehren und des Predigers Leibesgesundheit zu schonen". Die Uhr ließ sich auf vier unterschiedlich lange Zeiten einstellen.

Sanduhren auf den Kanzeln sollten auch dafür sorgen, dass Knechte und Mägde nicht zu lange der Arbeit fern blieben. Sie liefen nach 15, 20, 24 oder 30 Minuten ab. Manchmal bestand der „Sand" aus zerstoßenen Eierschalen, manchmal war es tatsächlich feiner Inselsand, der durchs Glas rann

Der flach gedeckte, 1999 renovierte Innenraum mit Triumphkreuz, Altar und Kanzel

Altarmittelschrein mit Kreuzigungsszene

Gotische Gewölbemalerei im Langhaus

Ansgar, der „Apostel des Nordens" († 865), ließ um 850 ein erstes Gotteshaus am Südufer der Schlei errichten. Nach wiederholten Brandschatzungen verlegte man Siedlung und Kirche noch vor 1100 ans gegenüberliegende Ufer. 1134 wird der Dom erstmals in einer Urkunde genannt. Die damals dreischiffige, noch flach gedeckte Pfeilerbasilika erhielt noch im 12. Jh. ein romanisches Querschiff. Nach der Einwölbung des Innenraumes begann Ende des 13. Jh. der Neubau eines stattlichen, an die Lübecker Marienkirche erinnernden Chores. Um 1310 entstand an der Nordseite der „Schwahl" genannte Kreuzgang. Dort haben sich, wie auch in Chor und Querschiff, reiche gotische (teils ergänzte) Gewölbemalereien erhalten. Die heutige Fürstengruft, Grablege Gottorfer Herzöge, wurde ursprünglich als Chorsakristei (15. Jh.) geschaffen. Eine mächtige Landmarke setzt der von Friedrich Adler entworfene neugotische Turm (1894). – Die bedeutendste Kirche des Schleswiger Landesteils besitzt ein kostbares Inventar. Die Dreikönigsgruppe (vor 1300) im südlichen Chorschiff verweist auf französische Vorbilder. Im Stil der flämischen Renaissance schuf Cornelis Floris († 1575) in Antwerpen das Freigrabmal (1555) für den däni-

Tympanonrelief des sog. Petriportals (Südseite, um 1180): Christus zwischen Petrus und Paulus

Marmor-Alabaster-Freigrab Friedrichs I. von Dänemark († 1533)

schen König Friedrich I., der zugleich Herzog von Schleswig war. Unter den Gemälden findet sich auch die „Blaue Madonna" (1669) des in den Niederlanden geschulten Jürgen Ovens. Weltberühmt ist der nach seinem ursprünglichen Standort benannte spätgotische Bordesholmer Altar (1514–21). Hans Brüggemann († nach 1525), der um 1515 wohl auch den riesigen Christophorus fertigte, schuf mit mehreren Gesellen dieses von annähernd 400 Figuren bevölkerte Meisterwerk der Schnitzkunst für die dortige Stiftskirche.

Dom zu Schleswig

Brüggemann-Altar mit Darstellung der Vorhölle

Herzog Christian Albrecht veranlasste 1666 die Überführung des Bordesholmer bzw. Brüggemann-Altars aus dem leer stehenden Augustinerchorherrenstift Bordesholm in den Schleswiger Dom. Dessen alter Altar ging wenig später nach Neustadt. Brüggemanns Arbeit gehört zu den beeindruckendsten Schöpfungen nordeuropäischer Sakralkunst. Mit über zwölf Metern Höhe (ohne den Altartisch) und einer Breite von sieben Metern ist der Altar einer der größten der Welt.

Orgelempore (1703) mit biblischen Bildern

Kirche Schobüll

Chor mit Altartisch-Antependium (15. Jh.), Altar und Kreuzgruppe. Die Marmortaufe (15. Jh.) wurde aus dem belgischen Namur eingeführt; der Taufdeckel ist von 1703

Das am früher bewaldeten Geestrand stehende Kirchlein von Schobüll („Walddorf") scheint sich gegen den Westwind zu stemmen, so trutzig wirkt der um 1250 aus Feld- und Ziegelsteinen errichtete frühgotische Bau. 1780 stürzte der alte, weit höhere Glockenturm ein. Stark verkürzt, erhielt er fünf Jahre später seine heutige gedrungene Form. Der einschiffige Innenraum liegt unter einer dunklen Holzbalkendecke. Im rechteckigen Chor steht der spätgotische Altar (vor 1400), dessen Tafelbilder 1638 hinzukamen. Darüber ist die kleinere der beiden in Gemeindebesitz befindlichen Triumphkreuzgruppen (um 1300) angebracht. Das schöne Beispiel einer französisch inspirierten Barockkanzel (1735) schuf Jens Süncksen aus dem nordfriesischen Langenhorn.

Eichenholzkanzel (18. Jh.)

Ende des 13. Jh. ließ Graf Johann II. von Holstein die erste Kirche aus Feldsteinen und dem Eichenholz umliegender Wälder im einst wendischen „Sconekerke" (Schönkirchen) errichten. Wie in einem Materialbuch des Bauhandwerks sind die unterschiedlichen Werkstoffe der gotischen Marienkirche zu erkennen: Feldsteine, Steinquader, Backsteine im großen Kloster- und im glatten, kleineren Industrieformat. Während das Kirchenschiff die Jahrhunderte überdauerte, musste der schadhaft gewordene Turm 1838 einem aus Ziegeln gemauerten weichen. Im Zweiten Weltkrieg hat sich die Nähe zur Landeshauptstadt verhängnisvoll ausgewirkt. Bei Bombenabwürfen wurde die Kirche stark beschädigt, aber nicht um ihren wertvollsten Besitz gebracht: den Altar Hans Gudewerdts d. J. (1653), einem „Hauptwerk des nordischen Knorpelbarocks". Richtig behandelt, blieb er naturfarben, statt sich wie der Eckernförder Altar desselben Meisters dunkel zu färben.

Vermauertes gotisches Portal

Bemalter Engel am Altar

Marienkirche

Altarfigur des Moses

Nur zwei Figuren des Gudewerth-Altars wurden versuchsweise mit Farbe versehen

Jakobikirche

Renaissancekanzel mit Sanduhr (oben links)

Kreuzigungsszene im spätgotischen Altar aus der 1807 abgerissenen Husumer Marienkirche

Historische Bedeutung erlangte der Ort an der Treene als Sitz Schleswiger Bischöfe, deren Schloss längst wieder verschwunden ist. Die romanische Feldsteinkirche St. Jakobus wurde um 1200 errichtet. Abseits steht ihr hölzerner Glockenturm (1777) über einem frühgeschichtlichen Hügelgrab. 1889 entstanden das Westportal, alle heutigen Fensteröffnungen und die Balkendecke des einschiffigen Kirchensaals. Im Innern gebührt das stärkste Interesse dem kunstfertigen Schnitzaltar (um 1515) aus der abgebrochenen Marienkirche in Husum, der dem klassizistischen Schönheitsideal seiner Honoratioren nicht mehr entsprach. Marten van Achten, in Diensten der Gottorfer Herzöge, bemalte 1604 die Außenflügel. Ein herzogliches Stifterwappen trägt die von Hans Peper gearbeitete Renaissancekanzel (1606).

Nordportal (um 1200)

St. Servatius mit Kapellenanbau von 1346

Schwertzeichen in einem der verbauten Steinquader

Etwa ein halbes Jahrhundert nach seiner Gründung kam St. Servatius 1197 durch eine gräfliche Schenkung an die Lübecker Bischöfe. Wie in Bosau wurde auch die Feldsteinkirche am Selenter See im Gipsgussverfahren begonnen. Je nach Verfügbarkeit von Feldsteinen, Quadern und Ziegeln erfolgten spätere Veränderungen. Äußerlich erscheint das einschiffige Gotteshaus noch als romanischer Bau, obwohl der massige Turm erst im späten Mittelalter hinzukam, während das Innere durch Spitzbögen und (den im 17. Jh. ausgemalten) Kreuzrippengewölbe die Gotik repräsentiert. Auch diese ländliche Patronatskirche besitzt einen aufwändig geschnitzten gotischen Flügelaltar (um 1470).

Kniebank mit Altarschrankenaufsatz (Barock, 1678)

Patronatsstuhlwange (Renaissance, 1581) einer reservierten Kirchenbank. In anderen Kirchen Ostholsteins, wie Lütjenburg und Giekau, ließ der Adel stattdessen Logen errichten

Innenraum mit Renaissancekanzel (1595), Flügelaltar und Gemälde „Anbetung der Hirten“ (1566) des niederländischen Künstlers Pieter Aertsen († 1575)

„Da machte Mose [im Lager der Israeliten] eine eherne Schlange und richtete sie auf zum Zeichen …" Gewölbemalerei nach 4. Mose 21,9

Siesebys Kirche liegt auf einer Anhöhe über der Schlei, am alten Seehandelsweg nach Haithabu, inmitten eines Fischerdorfes. In spätgotischer Zeit wurde die um 1200 erbaute romanische Feldsteinkirche erweitert und eingewölbt. An jütländische Vorbilder – allerdings ohne den dort verbreiteten Stufengiebel – erinnert der gotische, 1819 teils verblendete Backsteinturm. Altar und Orgel bilden eine selten zu sehende (klassizistische) Einheit. Die eng gepflanzte Lindenallee auf dem alten Friedhof zählt zu den schönsten im Lande. In Sieseby wurde Johannes Otzen (1839–1911) geboren, dem meistbeschäftigten Kirchenarchitekten Deutschlands zwischen 1875 und 1900.

Chor mit Altar-Orgelensemble (1820); die Kanzel (1592) stammt aus einer Eckernförder Werkstatt

Lindenallee auf dem Friedhof

Kirche Sieseby

Innenraum mit Taufputto von 1874

Kapelle Sophienhof

Als einziger Sakralbau Schleswig-Holsteins ist die Kapelle Sophienhof (1873/74) einer russisch-orthodoxen Kirche nachempfunden. Ihr Bauherr, der Gutsbesitzer Ludwig Nikolaus Johanssen († 1889), ließ den überkuppelten Bau an der Straße zwischen Preetz und Plön aus gelben Ziegeln errichten. Das Innere ist schlicht und darin den klassizistischen Kirchen im Lande ähnlich. Mit dem ungewöhnlichen Erscheinungsbild verband sich Johanssens in der Erweckungsbewegung wurzelnde Überzeugung, dass der Gottesdienst mit Sakrament, Liturgie und Anbetung die Erneuerung des christlichen Glaubens fördere – im Gegensatz zur zeittypischen vernunftbetonten „Belehrung von der Kanzel". Hierin wurde Johannsen von seiner aus dem Herrnhuter Pietismus kommenden Frau Maria Magdalene unterstützt, die sich seit 1860 der Missionsarbeit widmete. Einer der gemeinsamen Söhne ging 1891 als Prediger in die Kolonie Deutsch-Ostafrika und gründete zahlreiche lutherische Kirchen mit Kranken- und Bildungsanstalten.

Steine im Fundament der Apsis erinnern an den frommen Bauherrn

Langhaus mit Empore, Chordurchblick und Kanzel

Kalksteintaufe mit Darstellung der Heiligen Drei Könige

Unterer Säulensockel am Nordportal

Unter den romanischen Granitquaderkirchen Angelns ist die St. Marien nicht nur die am besten erhaltene, sondern auch die älteste. Die nach 1170 errichtete königliche Patronatskirche wurde im 13. Jh. nach Westen erweitert. Hieran setzte man den mit Eisenankern verstärkten spätgotischen Turm. Die Außenwand der Apsis gliedern Blendarkaden, die wie der Figurenschmuck der Bogenfelder über den Portalen an der Nord- und Westseite noch aus der Erbauungszeit stammen. Der flach gedeckte Innenraum – Chor und Turmhalle wurden eingewölbt – ist nicht ärmlich ausgestattet: Zu den herausragenden Stücken gehören die szenenreiche gotländische Steintaufe (frühes 13. Jh.) und die barocke Kanzel (1663) Hans Gudewerdts d. J. Entlang der Nordseite verläuft die Empore (1768) mit Bildern aus dem Leben Jesu.

St. Marien

Tympanon des Nordportals (Christus mit Petrus und Paulus)

75 Figuren füllen den Mittelschrein des Altars

Kirchenraum mit Votivschiff (1840) und Königswappen

„… und um unserer Gerechtigkeit willen auferweckt" (Römer 4, 25): Kanzelinschrift mit Darstellung des auferstandenen Christus

Die romanische Feldsteinkirche St. Martin (12. Jh.) in Steinbergkirche/Angeln wandelte sich zum Barockbau. Das Gotteshaus wurde im Jahr 1753 verlängert und mit einem kräftigen Turm samt Haube versehen. 1766 wurde das Innere umgestaltet. Dabei erhielt die muldenförmige Decke ihren zurückhaltenden Rokokostuck. Über der gotischen Triumphkreuzgruppe (um 1530) prangt seither das Wappen des im selben Jahr zur Regentschaft gelangten dänischen Königs Christian VII. Der Taufstein (Gotland, 13. Jh.) und der um 1490 kunstvoll geschnitzte Flügelaltar wurden vom mittelalterlichen Inventar übernommen. Die Emporen und die mit plattdeutschen Bibelzitaten bemalte Kanzel (1610) vertreten dagegen den neuen Zeitgeschmack, dem sich das ganze Kircheninnere angepasst hat.

Taufe

St. Martin

Glockenstuhl

Kanzel mit Evangelistenbildern

Bischofsfigur (nach 1500)

Stuckkonsole des Chorbogens

Kirche Stellau mit Glockenhaus

Am Flüsschen Bramau südlich von Kellinghusen steht die romanische Feldsteinkirche von Stellau. Seit ihrer Erbauung um 1230 hat sich an der schlichten äußeren Gestalt wenig verändert. Das Geläut im abseits stehenden Glockenstapel (1851) kann noch von Hand bedient werden. Die Abgeschiedenheit der Landgemeinde spiegelt sich auch in einer einfachen Ausstattung. Allerdings erweist sich die 1593 gearbeitete Sandsteintaufe als Stiftung des berühmten Humanisten, Kunstmäzens und königlichen Statthalters Heinrich v. Rantzau auf Breitenburg († 1598), der als Patronatsherr für den Erhalt der Kirche sorgte. In den Bischofsfiguren am barocken Altar (um 1670) könnten die für die Christianisierung Nordelbiens bedeutendsten Missionare Ansgar († 865) und Vicelin († 1154) dargestellt sein.

Opferstock von 1678

Loge (um 1650) der Besitzer von Gut Alt-Horst

Gestalt mit königlichen Insignien (Gewölbemalerei)

Engel (Gewölbemalerei)

Johanniskirche

Marienbildnis (13. Jh.), Lilienornament und Buntglasfenster (Claus Wallner, 1978) im Chor

Grabstein der Familie Wackerbarth (1624) mit einer Darstellung Jerusalems hinter dem Gekreuzigten

Schlicht wirkt die um 1250 errichtete Sterleyer Johanniskirche, innen wie außen. Dem gewölbten, lang gestreckten Feldsteinbau zwischen hohen Bäumen in der Dorfmitte haftet noch die Ernsthaftigkeit einer Missionsstation aus der Zeit der Christianisierung an, denn Ort und Kirche entstanden auf dem Territorium slawischer Polaben im heutigen Herzogtum Lauenburg. Vom unzureichenden Vorgängerbau (Ende 12. Jh.) wurde wohl der Kastenchor samt Priesterpforte an der Ostseite übernommen, ebenso die ungewöhnlich hohen romanischen Doppelbogenfenster. Viel jünger sind die äußeren Backsteinstützpfeiler und der vierkantige Holzturm (17. Jh.). Die über Jahrhunderte vorgenommenen Umgestaltungen des Innenraums endeten 1954 mit der Freilegung gotischer Wand- und Deckenbilder (13.–15. Jh.), die nun zum Wertvollsten der einstigen Patronatskirche zählen. Die Würdenträger folgten dem Gottesdienst in einer um 1650 eingebauten Loge.

Chor mit Taufstein und Altar

Kirche Süderstapel

Kanzel mit niederdeutschen Inschriften

Vom Steilufer der schiffbaren Eider aus, auf einem sandigen Geestrücken gelegen, beherrscht die Kirche das Ortsbild der Stapelholmer Landgemeinde. Chor und Apsis des romanischen Feldsteinbaus wurden schon im 12. Jh. begonnen. Der stämmige Rundturm, den man 1876 um etliche Backsteinlagen erhöht hat, verleiht ihm das Aussehen einer Wehrkirche. Sein Kegelhelm über den wie Schießscharten wirkenden Schallöffnungen für die Glocken wurde erst 1972 aufgesetzt. Im geräumigen, flach gedeckten Kirchensaal fallen der sorgfältig gearbeitete Altar des Bildschnitzers Hans Peper (Rendsburg 1609) und die Renaissancekanzel des sog. Eiderstedter Typs (Husum 1615) besonders auf. Auch in dieser Bauernkirche steht – wie in Schobüll, Tating und Witzwort – eine spätgotische Marmortaufe aus der einstigen Grafschaft Namur (Belgien), in deren Kalksteinbrüchen das edle Material gewonnen wurde.

Marmortaufe (15. Jh., Ausschnitt)

Vermutlich war es Bischof Gerold, der Nachfolger Vicelins, der nach 1156 die Kirche im ostholsteinischen Kolonisations- und Missionsgebiet für dort angesiedelte Friesen erbauen ließ. Der einschiffige, romanische Saalbau mit quadratischem Chor zählt zu den ursprünglichsten Feldsteinkirchen des Landes. Der Stumpf des romanischen Rundturms erhielt 1735 seine rechteckige Form. Ältestes Ausstattungsstück ist ein romanisches, bei Prozessionen verwendetes Vortragekreuz (Bronze, um 1140). Der aus Kalkstein gebrochene Altartisch (1461) und darüber stehend das einer Triumphkreuzgruppe entnommene Kruzifix gehören der Gotik an. Im Vorhaus ehrte die Gemeinde den „theuren Gottesmann Gerold von Schwaben" zur 700jährigen Kirchengründung am 20. Oktober 1858 mit einem Epitaph.

Vortragekreuz (Ausschnitt)

Kirche Süsel

Der auferstandene Christus (Deckenmalerei in der Apsis)

Altarkruzifix (um 1300)

Apsis aus gemauerten Feldsteinen

Kirchensaal mit Nordempore (1601), Loge (um 1730), Altar und Kanzel mit nachgotischer Kassettenmalerei (1601)

Renaissanceorgel mit Rückpositiv (an der Brüstung der Westempore). Die seitlichen Verzierungen, sog. Anschwünge, kamen im 18. Jh. hinzu

St. Magnus

St. Magnus gilt als älteste Kirche Eiderstedts. Ihre Anfänge sollen auf das Jahr 1103 zurückgehen. Sicher ist dagegen der romanische Ursprung des Chores (nach 1200). Alle Veränderungen seit dem Mittelalter haben nichts am ehrfurchtgebietenden Gesamteindruck dieser unvermutet großen Dorfkirche geändert. Der Barockturm war 1694 fertig; seine Form ahmt wenige Jahre später der Turm der Tönninger Kirche nach. Lange waren die Passionsszenen (15. Jh.) auf den Außenflügeln des spätgotischen Altars verborgen. Sie zählen wie die in der Renaissance begonnene Orgel (1591/1650) und die aus schwarzem Marmor gearbeitete Taufe (Namur, 15. Jh.) zum wertvollsten Besitz.

Stützmauern und Maueranker an der Apsis

St. Anna mit Turmhaube von 1861

Zur barocken Loge umgearbeiteter Beichtstuhl

Wenige Kirchen Schleswig-Holsteins zeigen ihr Inneres so, wie die Missionare und Erbauer es sicher gewollt hätten: als lehrreiche, biblische Bilderwelt für leseunkundige Menschen. Allein auf der im 18. Jh. erneuerten Holzdecke der spätgotischen Annenkirche (13. Jh.) sind 40 Motive des Neuen Testaments dargestellt, 30 alttestamentliche Szenen füllen die Kassetten der Nordempore (1654). Zur bemerkenswerten Ausstattung gehört der gotische Schnitzaltar von fast fünf Metern Breite, der 1523 im Umfeld Hans Brüggemanns entstand. Der beeindruckenden Größe der Kirche entspricht die hervorragende Qualität des Taufsteins (um 1596). Noch aus vorreformatorischer Zeit stammt der zur Loge umgestaltete Beichtstuhl – unauffälliges Indiz dafür, dass in den Kirchen Eiderstedts der Umgang mit dem katholischen Erbe nach Einführung der Reformation besonnener verlief als in anderen Landesteilen.

Beweinung Christi unter dem Kreuz (Altarmittelschrein). Die farbige Fassung der Figuren entstand 1797

Fast zwei Jahrhunderte lang blieb Tönnings Kirchturm der höchste in Land, bis der Domturm in Schleswig ihm 1894 diesen Rang ablief. Der zu Wohlstand gekommene Seehafen an der Eidermündung besaß als zeitweilige Nebenresidenz und Festung der Gottorfer Herzöge auch politische Bedeutung. Eine Kirche wird bereits 1186 erwähnt, deren romanische Fenster sich in der Nordwand erhalten haben. Nach schweren Schäden bei Ausbruch des Nordischen Krieges (1700) erhielt der Turm seine heutige Form und die markante Haube (1706). Auch wurden Schiff und der 1633 erweiterte Chor unter einer Tonnendecke vereint und mit Himmelsszenarien bemalt (1704). Zur prächtigen Ausstattung gehört auch das Familienepitaph (1691) des aus Tönning stammenden berühmten Hofmalers Jürgen Ovens (1623–1678).

Epitaph der Familie Ovens (der Maler Jürgen Ovens als Selbstbildnis oben links)

Triumphkreuzgruppe (um 1500) unter der von Barthold Conrad 1704 ausgemalten Holztonnendecke

Laurentiuskirche

Stiftskirche Uetersen

Deckenfresko (G. B. Colombo, 1749)

Kanzelaltar mit Orgel und Emporen (1749)

Auf dem Gelände eines 1234 gegründeten, nach der Reformation zum evangelischen adligen Damenstift der schleswig-holsteinischen Ritterschaft umgewandelten Zisterzienserklosters erbaute Jasper Carstens eine backsteinerne Barocksaalkirche (1748/49). An die mittelalterlichen Klosterbauten erinnert heute nichts mehr; das vorhandene Ensemble setzt sich aus Gebäuden des 17.–19. Jh. zusammen. In einem dieser Häuser lebte 1770–1783 die junge Adlige Auguste Luise Stolberg, deren Korrespondenz mit dem vier Jahre älteren Goethe weit bekannt wurde. Der samt seiner spätbarocken Ausstattung (ab 1749) erhaltene Kirchensaal hat umlaufende Emporen und zeigt handwerklich besonders feine Stuckaturen, Rocaillen, Schnitzereien und Vergoldungen (Gold symbolisiert die Erhabenheit Gottes und sein himmlisches Reich). Hölzerne Säulen wurden irritierend echt mit Marmorstrukturen bemalt. Ein mächtiger Kanzelaltar, nach einem Entwurf des königlich-dänischen Landbaumeisters Otto Johannes Müller gearbeitet, beherrscht die Ostseite der geräumigen Stiftskirche. Ihn überragt die Orgel des Arp-Schnitger-Schülers Johann Dietrich Busch aus Itzehoe. Die Mitte des Muldengewölbes füllt ein perspektivisch wirkendes Deckenfresko „Die Verherrlichung der Dreieinigkeit" des Italieners Giovanni Battista Colombo († 1793).

Willehaduskirche mit Friedhofstor von 1716

Die anmutig über der Schlei liegende romanische Feldsteinkirche in Ulsnis entstand wohl kurz vor 1175. Sie gehört damit zu den ältesten Steinbauten Angelns. Der Glockenturm auf einer Anhöhe geht wohl auf dem 16. Jh. zurück. 1796 wurde der Ostteil durch den Neubau des Chores zur heutigen Größe verlängert. Älter noch als die Skulpturen der berühmten Petriportal des Schleswiger Doms sind die an Südportal und Ostwand St. Willehads erhaltenen Granitquaderreliefs, auf denen Kampf, Gefahr und Versuchung dargestellt sind. Der Raumeindruck wird vom klassizistischen Altar (1803) und der darüberliegenden Orgel Johann Dietrich Buschs (Itzehoe 1786) bestimmt. Die Reiterskulptur im Chor bezieht sich auf ein teils legendenhaftes Kapitel der Kirchengeschichte: Ein römischer Soldat (dem die Überlieferung den Namen Georg bzw. Jürgen gab) schwor während der Christenverfolgungen unter Kaiser Diokletian seinem Glauben nicht ab und erlitt den Märtyrertod. Der später hinzu gefügte Drache symbolisiert die besiegte Versuchung.

Glockenturm auf einer Anhöhe nahe der Kirche

Drachenrelief (Südportal)

Reiterstandbild des hl. Georg/Jürgen (nach 1500)

Quaderrelief „Jakobs Kampf mit dem Engel“ an der Ostseite

Löwenrelief (Südportal)

Sog. Meerweib an der Ostseite

Dänische Soldaten sollen gegen Ende des 14. Jh. eine Vorgängerkirche eingeäschert haben. So entstand um 1400 im Fischer- und Bauerndorf Waabs an der Eckernförder Bucht eine neue Patronatskirche als einschiffiger gotischer Bau mit Kastenchor. Auf den unregelmäßig gearbeiteten Feldsteinsockel setzte man Backsteinmauern. Um die Mitte des 16. Jh. kam der breite Turm vor das westliche Kirchenschiff, das 1608 sein Kreuzrippengewölbe anstelle der Flachdecke erhielt. Interessant ist der Barockaltar (um 1673), zu dessen Zier auch spätgotische Figuren verwendet wurden. Etliche weitere Skulpturen, die heute die Innenwände schmücken, sind einem vorreformatorischen Marienaltar entnommen. Das reich beschnitzte Rantzaugestühl (um 1580/90) betont die Sonderstellung, die zumal der schleswig-holsteinische Uradel innerhalb der damaligen Gemeinden besaß.

Marienkrönung (15. Jh.)

Cherubim mit Flammenschwert (Wandmalerei)

Chor mit Altar und gotländischer Kalksteintaufe (14. Jh.)

Kirche Waabs

Orgel (1738) des gebürtigen Krempers Johann Hinrich Klapmeyer († 1757)

Von der ersten, Anfang des 13. Jh. entstandenen Feldsteinkirche stammen noch Chor samt Apsis und der runde Turmstumpf. Sie wurden in einen zweiten, spätgotischen Nachfolgebau aus Backstein übernommen, der bei einem Dorfbrand 1736 zerstört wurde. In den Neubau bezog der aus Thüringen stammende Architekt Johann Georg Schott († 1753) die erhalten gebliebenen Umfassungsmauern ein und errichtete über ihnen eine barocke Saalkirche (1737/38) von fast quadratischem Grundriss. Bekrönt von einer Turmzwiebel, gehört das Gotteshaus zu den auffälligsten Sakralbauten des Landes. Der dreiseitig von Emporen umlaufene Kirchensaal liegt unter einem als Sternenhimmel bemalten Muldengewölbe. Die Emporen von Orgel und, auf der Gegenseite, des Chors schwingen leicht in den Zentralraum hinein. Zur harmonischen Gesamtwirkung trägt die barocke Ausstattung bei, neben der die Schätze der alten Kirche – etwa die romanische Sandsteintaufe (13. Jh.) und die durchgeistigten mittelalterlichen Schnitzfiguren des Johannes und der Maria (frühes 16. Jh.) – ihre besondere Wirkung entfalten können.

Bartholomäuskirche

Einheitlich ausgestatteter Saal mit Loge, Altar, Kanzel, Gestühl und Empore. Am Emporenpfeiler rechts eine Marienfigur (um 1520)

St. Catharinen

Aus Findlingen ließen Ritter von Westensee um die Mitte des 13. Jh. ein Langhaus errichten; um 1300 folgte der große gotische Backsteinchor. Eine Legende erzählt, dieser sei aus einem Schatz bezahlt worden, den man beim Nachbardorf Brux entdeckt habe. Nicht zuletzt aus diesem Grund kamen neben Pilgern und Wallfahrern auch Handwerker und Kaufleute nach Westensee, wie erstmals 1342 bezeugt wurde. Die der hl. Katharina geweihte Wallfahrtskirche erhielt ihren stämmigen Turm etwa um 1505, als die zum schleswig-holsteinischen Uradel gehörenden Ahlefeldt das Patronat ausübten. Nachfolgende Patronatsherren ließen die hoch gelegenen Logen – höher noch als die Kanzel – einbauen. Spätere Zutaten sind auch die lange als Erbbegräbnisse des Landadels genutzten Grüfte. Das bemerkenswerteste Ausstattungsstück der Kirche ist das Grabmal für Daniel v. Rantzau († 1569), der in einem der Ostseekriege zwischen Dänemark und Schweden gefallen war. Aus fortwährendem Hass zerstörten schwedische Truppen im Dreißigjährigen Krieg (1645) das Monument. Aus den Resten wurde das heutige Epitaph (1917) zusammengesetzt.

Grabstein für Jürgen und Lucia Ahlefeldt (1583)

Kirchenschiff; rechts vom Chorbogen das Wandgrabmal des Daniel von Rantzau

Kirchenlied-Nummerntafel (18. Jh.)

Fries auf der romanischen Taufe

Unter Schleswig-Holsteins Kirchen ist der Turm selten älter als das Schiff. St. Stephanus in Westerhever ist eine dieser Ausnahmen. Der 1370 erbaute, von unproportioniert wirkenden Backsteinpfeilern gestützte Turm flankiert ein viel jüngeres Kirchenschiff, das erst 1804 an die Stelle des alten Gotteshauses kam. Als Eiderstedt noch keine zusammenhängende Halbinsel bildete, stand die Kirche auf der höchsten Warft der damaligen Insel und heutigen Landschaft Utholm. Noch zur Erstausstattung des schlichten Saalbaus gehört das schön geschnitzte und mit den friesischen Farben Rot und Blau bemalte Gestühl (1805). In Westerhever steht – unter einem Taufengel – der älteste auf Eiderstedt zu findende Taufstein (romanisch, 12. Jh.). Sein oberer Rand ist wohl durch einen später entfernten Eisenring braun gefärbt, vielleicht auch durch eisenhaltiges Wasser. Die nach 1600 entstandene goldverzierte Kanzel repräsentiert den sog. Eiderstedter Typ.

Gestühl und Renaissancekanzel

Der mehrfach ausgebesserte Turm wird von mächtigen Stützen gehalten

Über die Stör ist das von holländischen Siedlern gegründete „Kapitänsdorf" mit Elbe und Nordsee verbunden. Seine bald nach 1500 erbaute Backsteinkirche, die ein achteckiger Holzturm seit 1817 nach Westen abschließt, zeigt sich als schlichter, den Erfordernissen des rauen Klimas angepasster Bau. Im tonnengewölbten Saal gehören Kanzel (Wilster 1610) und Schnitzaltar (Barock, um 1690) zur ältesten Ausstattung. Auf dem Friedhof fallen die wohl am Ort bearbeiteten Sandsteingrabstelen auf. Viele stammen aus der Blütezeit des Walfangs im 17./18. Jh. und berichten von gütigen oder dramatischen Schicksalen während langer Seereisen. Nicht wenige Kapitäne hatten einen kleinen Altar an Bord. Um diese Zeit entstand der Brauch, der Kirche des Heimatortes ein Votivschiff zu stiften, aus Dank oder als Fürbitte.

Grabstele mit Darstellung der im Jüngsten Gericht Verdammten (Ausschnitt)

Kirche Wewelsfleth mit Engang zur Kirche und zum Friedhof

Stelengruppe an der Südwand

St. Bartholomäus gilt als inoffizielles Wahrzeichen der Wilstermarsch und stellt mit seinem lang gezogenen, achteckigen Grundriss eine Ausnahmeerscheinung unter den spätbarocken Predigtkirchen dar. Das dritte Gotteshaus an dieser Stelle (das erste entstand vor 1163 und wurde durch einen spätgotischen Bau ersetzt) ist 1775–1780 nach Plänen Ernst Georg Sonnins († 1794) errichtet worden. Mit 2000 Sitzplätzen gehörte St. Bartholomäus zu den größten Kirchen im Lande. Im Zweiten Weltkrieg (1944) beschädigt, verringerte man beim Wiederaufbau die Plätze auf 1200. Den romanischen (nun achteckigen) Rundturm der ersten Kirche ließ Sonnin in seinen eigenwilligen Entwurf einbeziehen und auf 52 Meter erhöhen. Die Plätze im lichtdurchfluteten Saal mit Doppelemporen sind auf den Kanzelaltar ausgerichtet, der schon die Kühle des aufkommenden Klassizismus atmet. Ihm gegenüber liegt die Orgelempore mit einem Instrument des Hamburger Orgelbaumeisters Franz Grollmann.

Spätbarocker Kanzelaltar (1775)

Bartholomäuskirche

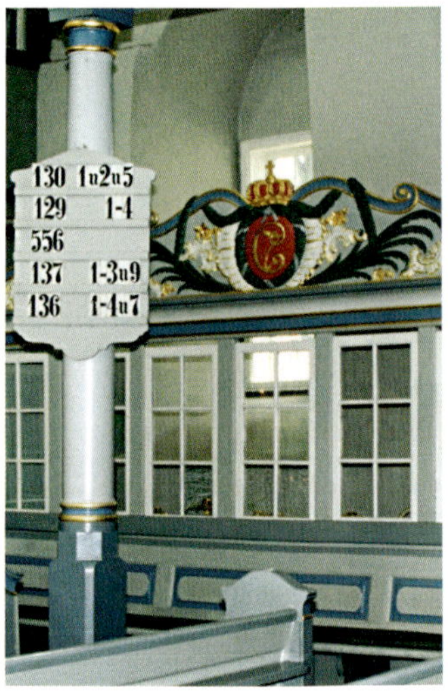

Königsloge mit Wappen Christians VII.

Kirchensaal mit Doppelempore und Grollmann-Orgel (1964); der Messingkronleuchter im Vordergrund entstand 1645

Sandsteinportal mit Wappen Christians VII. von Dänemark

Vom mittelalterlichen Bau (um 1420) auf der Kirchwarft des Dorfes ist nach den Eingriffen des 19. Jh. wenig zu sehen. Umso mehr überzeugt die Ausstattung: St. Marien besitzt einen der figurenreichsten Schnitzaltäre Eiderstedts (um 1510) mit einer beeindruckenden Golgathaszene im Mittelschrein, der eine Höhe von über zwei Metern erreicht. Bemerkenswert sind die Kruzifixe, darunter ein Triumphkreuz des 14. Jh., das spätgotische Chorgestühl und die dem Altar an handwerklich-künstlerischem Geschick ebenbürtige Renaissancekanzel (1583). Wie andere Kirchen der Region bezog auch diese ihren Taufstein aus der einstigen Grafschaft Namur.

Epitaph Mummens (1591) mit Stifterin in Eiderstedter Tracht

St. Marien

Marmortaufe (Namur, 15. Jh.)

Kreuzigungsszene des Altarmittelschreins (Ausschnitt)

Gewölbemalereien in der Apsis

Engelsfigur (Deckenbild, 17. Jh.)

Langhaus (mit Kanzel, 17. Jh.), Chor und Apsis (mit Altar)

Das Zisterzienserkloster Reinfeld (gegr. 1186), einer der wichtigsten Stützpunkte während der Kolonisation Ostholsteins, steht als Gründer der ab 1221 errichteten Kirche von Zarpen fest. Jahrzehnte später begannen jene Umbauten, die als spätgotische Einwölbungen größtenteils erhalten blieben und von Malereien der Spät- und Nachgotik bedeckt sind. Die unmittelbar vor dem Zweiten Weltkrieg stilsicher restaurierte Kirche ist einschiffig mit quadratischem Chor und fünfseitiger Apsis. Ihr ebenfalls quadratischer Turm erhielt 1604 einen (unpassend wirkenden) achteckigen Helm. Die große Orgel (17. Jh.) stammt aus den Beständen des im Weltkrieg zerstörten Kieler Thaulow-Museums. Dessen Sammlungen sind in den Schleswig-Holsteinischen Landesmuseen in Schleswig aufgegangen, wohin sie rechtzeitig ausgelagert worden waren.

Südeingang mit Glasursteinen

Kirche Zarpen

Akanthusbarock Sonderform des Barock

Allegorie Personifikation oder bildliche Darstellung eines abstrakten Begriffs (Gerechtigkeit, Hoffnung) oder einer Handlung (Kampf mit Löwen)

Altar Vor der Reformation, die die Kanzelpredigt in den Mittelpunkt des Gottesdienstes stellte, Ort der Anbetung oder der Reliquienverwahrung. Der katholische Heiligenverehrung führte zur Aufstellung von Nebenaltären

Apsis Halbrunde Nische des Chors, gewöhnlich der Standort des Altars

Aufklärung Europäische Geistesströmung des 18. Jh. in entschiedener Verneinung einer von Geistlichkeit und Adel bestimmten Gesellschaftsordnung. Ihr vernunftbetonter Rationalismus wirkte bis in die Kirchenorganisation hinein

Backsteingotik Sonderform der Gotik im Ostseeraum ab dem 13. Jh., ausgehend vom Bau der Lübecker Marienkirche

Baldachin Schirmartiges Prunkdach über Kanzeln und Statuen, seltener über Altären

Barock In Italien entwickelter Stil der europäischen Kunst seit 1570. In Deutschland nach dem Ende des Dreißigjährigen Kriegs (1648) einsetzend und bis etwa 1780 vorherrschend

Basilika Kirchenbau, dessen durch eigene Fenster beleuchtetes Mittelschiff höher und breiter ist als die Seitenschiffe

Blendarkaden Zierbogenreihe (blend = blind) an der Wand ohne Öffnungen

Chor Der Geistlichkeit vorbehaltener, in der Regel im Osten liegender Altarraum, der von einem Umgang mit Kapellen umgeben sein kann

Chorgestühl Sitzreihen der Geistlichkeit an den Längsseiten des Chores

Dachreiter Schlankes (Holz)Türmchen auf dem Dachfirst

Dom Bischofskirche; in England, Frankreich, Spanien als Kathedrale bezeichnet

Dorisch Griechisch-antike Stilepoche (8./7. Jh. v. Chr.) mit schweren, massigen Formen, die vor allem der Klassizismus wiederentdeckt

Empore Tribünen- oder galerieartiger Einbau zur besseren Nutzung des Raumes, gelegentlich für bestimmte Personengruppen (Nonnenempore, Schifferempore, Gutsloge) oder zu bestimmten Zwecken (Orgelempore)

Epitaph Wandgrabmal; Gedächtnis- u. Erinnerungsmal bestimmter (hochgestellter) Persönlichkeiten

Fresko In noch feuchten Kalkputz aufgetragenes Wand- und Deckenbild

Fries Dekorativer waagerechter Streifen auf Wandflächen

Gewölbe Bogenförmige Deckenkonstruktion in vielen Formen: u.a. Tonnengewölbe, Kreuzgratgewölbe, Kreuzrippengewölbe, Muldengewölbe

Gotik Zweite große, die Vertikale betonende Stilepoche mittelalterlicher Baukunst. Von Nordfrankreich um 1130 ausgehend; in Deutschland etwa 1220—1520 wirksam

Hallenkirche Mehrschiffiger Kirchenbau

Historismus Mit der Neugotik beginnende Hinwendung zu vergangenen, besonders mittelalterlichen Kunstepochen: Neo- bzw. Neuromanik, Neugotik; später Neurenaissance und Neubarock. In Deutschland etwa 1820—1920 nachhaltig. Nach 1870 teilweise in beliebige Stilvermischung ("Gründerzeit") übergehend. Mit dem Historismus entwickelte sich ein Bewusstsein für den Denkmalschutz

Ionisch Epoche der griechisch-antiken Kunst (6. Jh. v. Chr.) mit verfeinerten Formen (u.a. schnecken- oder spiralförmig gerollten Kapitellen). Im Klassizismus häufig verwendet

Jugendstil Reformkünstlerische Richtung der frühen Moderne gegen den vorherrschenden Historismus. In Deutschland ab etwa 1890—1914

Kanzel Erhöhter Standort des Predigers. Seit der Reformation in Norddeutschland gelegentlich mit dem Altar zusammengelegt

Kapelle Kleine selbständige oder zu einer Kirche (z.B. Chorkapelle) gehörenden Bet- und Andachtsräume

Kapitell Säulen- oder Pfeilerkopf

Kassettendecke Kastenförmig vertiefte Felder einer flachen Decke

Kirchspiel Früherer Pfarr- und Verwaltungsbezirk

Klassizismus Mit Barock und Rokoko scharf konkurrierende europäische Stilrichtung seit etwa 1750. In Deutschland bis 1830 dominierend

Knorpelstil Siehe Renaissance

Krüppelwalm Satteldach mit angeschrägten Giebelspitzen

Kruzifix Plastische oder gemalte Darstellung des gekreuzigten Christus

Langhaus Teil der Kirche zwischen (Turm)Fassade und Chor bzw. Querschiff Seitenschiff Parallel zum Mittelschiff verlaufender und zu diesem geöffneter Gebäudeteil

Laterne Von Fenstern und Öffnungen durchbrochenes Türmchen auf Kuppeln und Turmdächern

Lettner Trennwand zwischen Chor und Mittelschiff, die vor der Reformation Priesterschaft und Laien schied

Loge Abgeschlossene Herrschaftsempore (Königsloge, Patronatsloge)

Mandorla Mandelförmiger Heiligenschein, die den Körper der hervorgehobenen Person (Christus, Maria) vollständig umgibt

Manierismus Siehe Renaissance

Mansarddach Geknickte, zweiteilige Dachform

Marmor Leicht zu bearbeitender kristalliner Kalkstein

Mittelschiff Mittlerer Raum eines mehrschiffigen Langhauses

Neugotik Siehe Historismus

Neuromanik Siehe Historismus

Oktogon Achteck; Bauwerk, das über einem Achteck errichtet ist

Orgelprospekt Vorderansicht der Orgel

Passion Leidensgeschichte Christi nach den vier Evangelien des Neuen Testaments

Patronatsrecht Rechte, die der Stifter einer Kirche an ihrem Grundbesitz und bei der Ämterbesetzung erwarb. Besondere Logen bzw. Emporen zeigen den herausgehobenen, auf die Nachkommen übertragbaren Status der Patronatsherren an

Plastik Bildhauerkunst; plastische Darstellung als Vollplastik oder Relief in Holz, Stein, Bronze, Stuck u.a. Materialien

Polygon Bauwerke mit vieleckigem Grundriss (5—16 Ecken)

Portal Künstlerisch gestalteter, torähnlicher Eingang

Putten Nackte kleine Knaben mit und ohne Flügelpaar, in Renaissance und Barock als Schmuck von Altären, Wänden und Decken

Querschiff Zwischen Langhaus und Chor eingeschobener Querbau (auch Querhaus, Querschiff)

Reformation Von Martin Luthers Thesenanschlag 1517 ausgehende Reformbewegung, die zur Spaltung der abendländischen Christenheit führt. Seine Betonung der Bibel als einzige göttliche Offenbarungs- und Gnadenquelle forderte die an Tradition, Heiligenkult und päpstliche Lehrautorität gebundene Reichskirche heraus

Renaissance Von Italien im 14. Jh. ausgehende neuzeitliche Geistes- und Architekturrichtung; In Deutschland hauptsächlich 1520—1660. Der sog. Knorpelstil (nach 1620) gilt wie der Manierismus als Früh- bzw. Übergangsform zum Barock ("Knorpelbarock")

Rokoko Spätphase des Barock, so genannt nach einem muschelförmigen Ornament (Rocaille). In Deutschland etwa 1735—1780

Romanik Stilepoche der mittelalterlichen Baukunst, in Deutschland etwa zwischen 1000 und 1250. Nach 1200 allmähliche Ablösung durch die Gotik

Romantik Geistige Strömung um 1800, die Klassizismus und reines Vernunftdenken verwirft und im (idealisierten) Mittelalter, in gefühlsbetonter Frömmigkeit und Naturbetrachtung geistige Orientierung sucht

Saalkirche Einschiffiger Kirchenbau

Sakramentshaus Gehäuse zum Verwahren der Hostie, einer zur katholischen Messfeier und Kommunion gereichten Oblate

Sakristei Abgetrennter Raum im Chor zur Vorbereitung des Geistlichen auf den Gottesdienst und zur Aufbewahrung liturgischer Gewänder (u.a. Talar) und Geräte (u.a. Abendmahlskelch, Taufschale)

Sarkophag Reich verzierter Prunksarg

Schiff Innenraum einer längsgerichteten Kirche (Haupt-, Neben-, Seitenschiff)

Schrein Mittelteil eines Flügelaltars

Sockel Unterer Säulen- oder Pfeilerabschluss

Stele Aufrecht stehende (Grab)Steinplatte mit Reliefs und Inschriften

Stiftskirche Kirche eines mit eigenem Grundbesitz und Rechten ausgestatteten Kollegiums von kath. Geistlichen; manchmal auch Bezeichnung einer Klosterkirche

Stuck Leicht formbare, schnell härtende Masse aus Gips , Kalk , Sand und Wasser für plastische Verzierungen an Dekken und Wänden

Taufstein Kelchförmiges Behältnis aus Stein oder Metall zur Spende der Taufe

Terrakotta Unglasierte, gebrannte Tonerde, zur Herstellung von Bauschmuck verwendet

Triumphkreuzgruppe Überlebensgroßer Kruzifix mit den Beifiguren Johannes und Maria auf sog. Triumphbalken

Tympanon Bogenfeld (häufig mit Skulpturen) über dem Portal romanischer und gotischer Kirchen

Votiv Gabe, die aufgrund eines Gelübdes oder als Dank für erbetene Hilfe einer (Wallfahrts)Kirche dargebracht wird (u.a. Votivschiff, Votivtafel)

Wange Verzierter Abschluss von Chor- und Gemeindegestühl

Zentralbau (Kirchen)Gebäude, dessen einzelne Teile im Gegensatz zum gestreckten Langhaus auf einen Raummittelpunkt bezogen sind. Ab der Renaissance vermehrt verbreitet und meist von einer Kuppel überwölbt

Hartwig Beseler (Hg.), Kunst-Topographie Schleswig-Holstein, Neumünster 1969

Georg Dehio, Handbuch der Deutschen Kunstdenkmäler. Hamburg · Schleswig-Holstein, bearb. von Johannes Habich, Christoph Timm und Lutz Wilde, 2., stark erweit. und veränd. Aufl., Berlin 1994

Deutsche Kunstdenkmäler Hamburg und Schleswig-Holstein, München 1968

Hans Dössel u.a., Barmstedt. Geschichtliche Schau, Husum 1988

Stadt Elmshorn (Hg.), Die St. Nikolaikirche, Neumünster 1982

Irmtraut Engling (Hg.), Das Kreis-Plön-Buch, Elmshorn 2002 (Beiträge zur Elmshorner Geschichte Bd. 15)

Günter Friedrich, Alfred Goetz u.a. (Hg.), Stationen auf dem Lebensweg. Kirchen im Ev.-Luth. Kirchenkreis Rantzau, Elmshorn 1993

Führer zu den Kirchen im Kirchenkreis Angeln, Hamburg 1986

Richard Haupt, Die Bau- und Kunstdenkmäler in der Provinz Schleswig-Holstein mit Einschluss benachbarter Gebiete und Landschaften. Geschichte und Art der Baukunst in Nordelbingen im Herzogtum Schleswig, Bd. 5, Heide 1924

Richard Haupt, Die Bau- und Kunstdenkmäler in der Provinz Schleswig-Holstein mit Einschluss benachbarter Gebiete und Landschaften. Geschichte und Art der Baukunst in Nordelbingen in den Herzogtümern Holstein und Lauenburg sowie den Fürstentümern Lübeck und Ratzeburg, Bd. 6, Heide 1925

Hans Issel, Illustriertes Handlexikon der gebräuchlichen Baustoffe, Leipzig 1902

Dirk Jonkanski, Lutz Wilde, Dorfkirchen in Schleswig-Holstein, Neumünster 2000

Gerhard Köbler, Historisches Lexikon der deutschen Länder, Die deutschen Territorien vom Mittelalter bis zur Gegenwart, 6., vollständig überarb. Aufl., München 1999

Wilfried Koch, Baustilkunde, München 1994

Kulturkarte Schleswig-Holstein und Habmburg, bearbeitet von Hartwig Beseler und Johannes Habich, Neumünster 1981

Ulrich Lange, Geschichte Schleswig-Holsteins. Von den Anfängen bis zur Gegenwart, Neumünster 1996

Klaus-Joachim Lorenzen-Schmidt, Ortwin Pelc (Hg.), Schleswig-Holstein Lexikon, Neumünster 2000

Adelbert Matthaei, Die bildende Kunst, in: Hippolyt Haas u.a. (Hg.), Schleswig-Holstein meerumschlungen, Kiel 1896, S. 54-107

Hans-Bernd Spies, Heinz Spielmann u.a., Lübeck und das Herzogtum Lauenburg Hamburg 1983 (HB Kunstführer Bd. 2)

Unsere Nordelbische Ev.-Luth. Kirche, Hamburg 1986

Hans-Walter Wulf, Eiderstedts Kirchen, Garding 1994

Paul Zubek, Roland Werner u.a., Schleswig-Holsteins Westen, Hamburg 1984 (HB Kunstführer Bd. 10)

Verzeichnis der Kirchen

Altenkrempe G 4
Arnis E 2
Bad Bramstedt E 5
Bad Segeberg F 5
Bannesdorf (Fehmarn) H 2/3
Barmstedt E 6
Beidenfleth D 5
Boldixum (Föhr) A 1/2
Bordesholm E 4
Bornhöved F 4/5
Bosau F 4
Brodersby D 2
Brügge E/F 4
Büchen G 7
Burg (Fehmarn) H 3
Büsum B 4
Cismar G/H 4
Delve C 4
Eckernförde D 3
Elmshorn D 6
Erfde D 4
Esgrus D 1/2
Eutin F/G 4
Flemhude E 3
Flensburg Marienkirche C/D 1
Flensburg Nikolaikirche C/D 1
Flintbek E 3/4
Friedrichstadt C 3
Garding B 3
Gelting E 1
Gettorf E 3
Giekau F 3
Glückstadt D 6
Großenaspe E 5
Grube H 3/4
Haddeby-Haithabu D 3
Havetoft C/D 2
Heide C 4
Hohenstein G 3
Hohn D 3/4
Hürup B 1
Husum B/C 3
Itzehoe St. Jürgen / St. Laurentii D 6
Kappeln E 2
Katharinenheerd B 3
Kating B 3
Keitum (Sylt) A 1
Kiel Nikolaikirche E 3
Kirchbarkau E 4
Kirchnüchel E 4
Koldenbüttel C 3
Kosel D 3
Kotzenbüll B 3
Krusendorf E 3
Landkirchen (Fehmarn) H 3
Lauenburg G 7
Lebrade F 4
Loit D 2
Lübeck Dom G 5
Lübeck Marienkirche G 5
Lübeck Petrikirche G 5
Lunden B 4
Lütjenburg F/G 3
Meldorf C 4
Mölln G 6/7
Munkbrarup D 1
Neuendorf (Elbmarsch) D 6
Neukirchen (bei Malente) F/G 4
Neukirchen (bei Oldenburg/H.) G/H 3
Neumünster Anscharkirche E 4
Neumünster Vicelinkirche F 4
Neustadt G 4
Nieblum (Föhr) A 2
Norderbrarup D 2
Nordhackstedt C 2
Oeversee C 2
Oldenswort B 3
Osterhever B 3
Pellworm A 2
Petersdorf (Fehmarn) H 2
Poppenbüll B 3
Preetz Klosterkirche F 4
Probsteierhagen F 3
Pronstorf F 5
Rabenkirchen E 1/2
Ratzeburg G 6
Rellingen E 6
Rendsburg Christ- / Marienkirche D 3
Rieseby D 2
Sankt Margarethen C 5
Sankt Peter A/B 3
Schleswig Dom D 2/3
Schobüll B/C 2
Schönkirchen F 3
Schwabstedt C 3
Selent F 3/4
Sieseby E 2
Sophienhof F 4
Sörup D 2
Steinbergkirche D 1
Stellau D/E 5
Sterley G 6
Süderstapel C 3/4
Süsel G 4
Tating B 3
Tetenbüll B 3
Tönning B/C 3
Uetersen D 6/7
Ulsnis D 2
Waabs E 2
Wesselburen B 4
Westensee E 4
Westerhever B 3
Wewelsfleth D 6
Wilster C/D 5
Witzwort B 3
Zarpen F 6

A B C D E F G H
1 2 3 4 5 6 7
Keitum
Boldixum
Nieblum
Hürup
Nordhackstedt
Flensburg
Munkbrarup
Steinbergkirche
Gelting
Husby
Esgrus
Rabenkirchen
Kappeln
Sörup
Oeversee
Havetoft
Norderbrarup
Arnis
Loit
Ulsnis
Waabs
Kieler Bucht
Bannesdorf
Petersdorf
Schobüll
Brodersby
Sieseby
Rieseby
Krusendorf
Pellworm
Husum
Schleswig
Haddeby
Kosel
Landkirchen
Burg
Tetenbüll
Osterhever
Witzwort
Eckernförde
Westerhever
Oldenswort
Schwabstedt
Gettorf
Kotzenbüll
Koldenbüttel
Probsteierhagen
Tating
Neukirchen
Friedrichstadt
Garding
Tönning
Rendsburg
Flemhude
Kiel
Schönkirchen
Giekau
Hohenstein
St. Peter-Ording
Kating
Lunden
Katharinenheerd
Hohn
Flintbek
Selent
Lütjenburg
Kirchnüchel
Grube
Süderstapel
Erfde
Preetz
Westensee
Sophienhof
Lebrade
Neukirchen
Cismar
Wesselburen
Kirchbarkau
Deutsche
Heide
Brügge
Altenkrempe
Delve
Bordesholm
Eutin
Bosau
Neustadt
Büsum
SCHLESWIG-
Neumünster
Süsel
Meldorf
Bornhöved
Großenaspe
Bucht
Wilster
Pronstorf
Stellau
St. Margarethen
Bad Bramstedt
Bad Segeberg
Beidenfleth
Lubeck
HOLSTEIN
Itzehoe
Zarpen
MECKLENBURG-
Wewelsfleth
Barmstedt
Neuendorf
Ratzeburg
Elmshorn
Rellingen
Glückstadt
NIEDERSACHSEN
HAMBURG
Sterley
Uetersen
Mölln
BREMEN
Büchen
Lauenburg
VORPOMMERN

Schleswiger Dom, Auferstehung Christi